하루 1분
낱말게임

이 도서의 국립중앙도서관 출판예정도서목록(CIP)은 서지정보유통지원시스템 홈페이지
(http://seoji.nl.go.kr)와 국가자료공동목록시스템(http://www.nl.go.kr/kolisnet)에서
이용하실 수 있습니다.(CIP제어번호 : CIP2018015081)

일러두기

이 책에 실린 문제들의 답과 풀이법은 여러가지가 될 수 있습니다. 꼭 정답에
맞지 않더라도 자신만의 방법으로 풀어보세요.

집중력과 기억력을 높여주는 ── +口〇

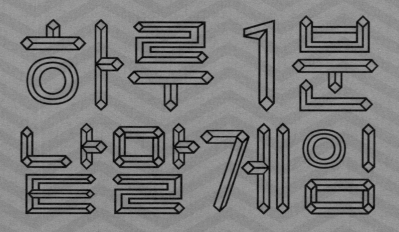

YM기획 엮음 | 조신영 감수

베프북스
Best Friend Books

관찰력과 창의력을 향상시켜 주는 낱말게임

○ + □　　　인류는 고대부터 지금까지 농업혁명, 산업혁명, 정보혁명이라는 3차례의 혁명을 거쳐 왔다. 농업혁명 시대엔 노동력이, 산업혁명 시대엔 자본이 중요한 경쟁력으로 떠올랐다. 그렇다면 현재 우리가 살고 있는 정보혁명의 시대에는 과연 어떤 것이 강력한 경쟁력이 될 수 있을까?

　　대부분의 사람들은 정보가 가장 중요하다고 생각하겠지만, 반은 맞고 반은 틀린 말이다. 산업혁명 시대에도 정보는 중요한 경쟁력이었다. 하지만 그 때는 정보의 양이 중요했다면, 지금은 정보의 질이 더 중요하다. 산업혁명 시대는 정보를 가지고 있는 것 자체가 힘이었지만 지금은 다르다. 인터넷의 보급으로 인해 전 세계의 대중들은 정보의 홍수를 맞이했다. 누구든지 쉽게 원하는 정보를 얻을

수 있고, 또 활용할 수도 있는 세상이 와버린 것이다. 결국 정보 자체가 중요한 게 아니라 정보의 내용과 활용이 중요하게 되었다.

정보의 바다 속에서 얼마나 유의미하고 활용성이 높은 정보를 '발견'하고 '응용'할 수 있느냐가 '진짜' 중요한 것이다. 요즘에 중요시되고 있는 '문제해결능력'이 바로 이런 것이다. TV에선 퀴즈나 두뇌게임을 소재로 한 프로그램들이 하루가 다르게 쏟아지며, 서점에선 아이들의 두뇌계발과 성인들의 놀이 또는 치매예방을 위한 책들을 흔히 볼 수 있다. 흔히 말하는 '뇌섹시대'가 온 것이다. 이 뇌섹시대에서 가장 중요한 능력으로 떠오르고 있는 것이 '문제해결능력'이다.

창의적인 문제를 푸는 것은 문제의 패턴을 발견하고 이해하기 위해 관찰하는 연습을 통해 문제해결을 위한 응용력과 창의력을 계

발하도록 도와준다. 《하루 1분 낱말게임》은 이 시대에 필요한 문제 해결능력을 기르기 위한 관찰력과 창의력을 향상시켜 줄 솔루션이 될 것이다. 육체만 운동이 필요한 게 아니다. 《하루 1분 낱말게임》을 통해 뇌를 자극시켜 꾸준히 관리하기를 바란다.

대한민국 기억력 챔피언

조신영

Contents

하루 1분 낱말게임

이렇게 활용하세요!

과다한 업무, 학업 스트레스,
무의미한 일상의 반복…
멈춰버린 뇌에 다시 시동을 걸어볼까요?
특정한 시간을 정해
뇌에 자극과 활력을 주는 게임으로
잠들어 있는 뇌를 깨워주세요.

1. 《하루 1분 낱말게임》은…

사고력과 창의를 더해주는 낱말과 관련된 다양한 문제들을 모아 실었습니다. 난이도와 분야를 골고루 고려하여 구성되었기 때문에 순서대로 풀어보는 것을 권해드립니다.

2. 규칙적인 두뇌트레이닝

1Week부터 52Week까지 매주 세 문제씩 구성해, 날짜를 정해놓고 꾸준히 풀어볼 수 있도록 구성되어 있습니다. 하루에 여러 문제를 풀거나 몰아서 문제를 푸는 것보다, 정해진 날짜에 꾸준히 한 문제씩 풀어나가 보세요.

3. 바로바로 찾아보는 정답

정답지와 문제를 왔다갔다하는 번거로움은 이제 그만! 문제 다음 페이지에 정답을 확인할 수 있도록 구성하였습니다. 바로바로 정답을 확인하세요.

From
1Week

to
17Week

1
Week

Day 001   다음을 낱말로 만든다면 무엇이 될까요?

ㅈ ㅏ ㄹ ㅜ ㅁ ㅏ ㄷ ㅣ

❶ 동물

❷ 도시

❸ 행성

❹ 물고기

Day 002   다음 빈칸에 들어갈 글자를 조합해 네 글자의 단어를
만들어보세요.

지나가던 ☐가 웃는다
나는 ☐이야
대☐
☐근☐근

다음 가로세로 낱말 퀴즈를 풀어보세요.

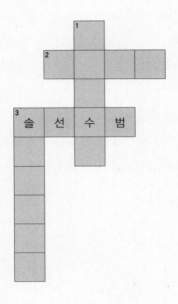

힌트!

1. 프랑스 작가 알퐁스 도데(Alphonse Daudet:1840~1897)의 단편소설. 1871년에 발표되었다. 모국어를 빼앗기는 슬픔과 고통을 생생하게 그려내 프랑스 국민들의 애국심을 불러 일으켰다.

2. 제1차 세계대전 이후, 프랑스가 독일군의 공격을 저지하기 위해 구축한 요새선. '최후의 방어선'이라는 뜻으로, 더 이상 물러설 곳이 없다는 뜻.

3. 솔의 씨를 심어서 소나무가 자란 다음에 그것을 풍치 삼아 정자를 짓거나 또는 그것을 베어 정자를 짓는다는 뜻으로, 어떤 일을 시작하여 성공하기까지는 너무도 까마득함을 비유적으로 나타낸 속담.

해설

Day 001 ❶번
제시된 자음과 모음들로 만들 수 있는 낱말은 '다람쥐'. 동물 이름이므로 정답은 1번.

Day 002 개봉박두
지나가던 개가 웃는다
나는 봉이야
대박
두근구든

Day 003
1. 마지막 수업
2. 마지노선
3. 솔 심어 정자라

Day 001 다음을 보고 연상되는 영어 단어를 맞혀보세요.

다음 빈칸에 들어갈 말로 옳은 것은 무엇일까요?

□□, 겨우 요만큼?

❶ 에게
❷ 에걔
❸ 에계

다음 가로세로 낱말 퀴즈를 풀어보세요.

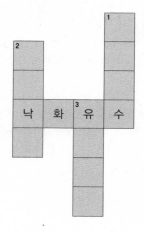

힌트!

1. 정적인 기존 분수를 응용하여 음악에 맞춰 작동하도록 시스템을 구축한 분수.

2. 낙타과에 속하는 포유동물 중 혹이 하나로 아프리카나 아시아의 남서부에 분포하는 낙타.

3. '입은 있으나 말이 없다'는 뜻으로, 변명(辨明)할 말이 없다는 의미의 사자 성어.

Day 001 LOVE

Laugh   October   Victory   Egg

Day 002 ❸번

'에계'는 감탄사로 뉘우치거나 탄식을 할 때 내는 소리, 어떤 것이 작고 하찮거나 기대 따위에 훨씬 못 미쳐 업신여길 때 내는 소리라는 뜻을 갖고 있습니다.

Day 003

1. 음악분수
2. 단봉낙타
3. 유구무언

3
Week

Day 001   다음 글자를 재배치하여 하나의 단어를 만들어 보세요.
(힌트 : 닮은 꼴 한글)

상   Hx2

Day 002 다음 보기 중 '사자성어'의 '사'와 다른 한자를 쓰는
단어는 무엇일까요?

❶ 사고무친

❷ 사면초가

❸ 사각지대

Day 003   다음 가로세로 낱말 퀴즈를 풀어보세요.

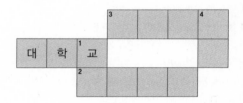

힌트!

1. (세로) 인간이 삶을 영위하는 데 필요한 모든 행위를 가르치고 배우는 과정
   이며 수단

2. 서울시 영등포구 여의도동에 있는 고층 건물. 정식 명칭은 (주)한화63시티
   이다. 1980년 2월 착공하여 총공사비 1800억 원을 들여 1985년 5월 완
   공되었다.

3. 미국의 정치가로 민주당 상원의원과 조지아주 주지사를 거쳐 39대 대통령
   이 되었다. 재임 중, 중국과의 국교정상화, 소련과의 제2차 전략무기제한
   협정(SALT)등을 성공시켰다.

4. (세로) 집터가 되는 땅, 자리를 잡은 곳, 살림의 근거지가 되는 곳.

Day 001 새해

Hx2는 H가 2개 있다는 뜻으로 비슷한 모양의 우리말 ㅐ 가 두 개 있다는 의미.

상을 자음과 모음 모두 분리하면 ㅅ, ㅏ, ㅇ

ㅏ를 왼쪽으로 90도 돌려 ㅇ과 결합하면 ㅎ이 되고,

나머지 ㅅ을 ㅐ와 결합, ㅎ을 ㅐ와 결합하면 '새해'가 됩니다.

Day 002 ❸번

사자성어는 네 자로 이루어진 성어라는 뜻으로 사는 넉 사(四)를 사용합니다.

사고무친(四顧無親) 의지할 만한 사람이 아무도 없음.

사면초가(四面楚歌) 아무에게도 도움을 받지 못하는, 외롭고 곤란한 지경에 빠진 형편을 이르는 말.

사각지대(死角地帶) 어느 위치에 섬으로써 사물이 눈으로 보이지 아니하게 되는 각도, 관심이나 영향이 미치지 못하는 구역을 비유적으로 이르는 말.

Day 003

1. 교육
2. 육삼빌딩
3. 지미카터
4. 터전

Day 001   다음 보기에서 말하는 '이것'은 무엇일까요? (힌트 : 한자)

이것 안에는 1, 2, 10은 들어갈 수 있지만, 3, 4, 5는 들어갈 수 없어.

이것에 8이 들어가면 4가 돼.

Day **002**   다음 빈칸에 들어갈 말로 올바른 것은 무엇일까요?

그는 국회의원이 되어 금□□를 달았다.

❶ 배찌

❷ 배지

❸ 뱃지

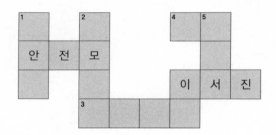

힌트!

1. (세로) 몸과 마음이 편안하고 즐겁다. 편하다, 평안하다

2. (세로) 직사각형의 틀에 조그마한 칸을 여러 개 만들고, 칸마다 쇠붙이를 끼워 만든 작은 관악기. 입에 대고 숨을 불어 넣거나 빨아들여서 소리를 낸다.

3. 네팔에 있는 도시. 높이 1,324미터의 고원에 있으며, 힌두교와 불교 유적이 많이 있다. 네팔의 수도이다.

4. 사람이 살고 있는 곳이나 기관, 회사 따위가 자리 잡고 있는 곳을 행정 구역으로 나타낸 이름

5. (세로) 소방에 관한 업무를 맡아보는 일선 소방 기관.

Day 001 한자 입 구(口)

입 구 자에 한자 一, 二, 十을 넣으면 다 각각의 한자가 성립되지만 三, 四, 五를 넣으면 어떤 한자도 만들어지지 않습니다. 결정적으로 입 구口와 여덟 팔八이 합쳐지면 넉 사四 가 됩니다.

Day 002 ❷번

Day 003

1. 편안한
2. 하모니카
3. 카트만두
4. 주소
5. 소방서

Day 001   다음 네모 안에 있는 글자들을 이용해 동물을 열 마리 이상 찾아보세요. 하나의 동물은 반드시 서로 연결되어야 하는데, 이때 갔던 길을 다시 가는 것은 가능합니다.

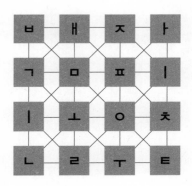

Day 002   다음 밑줄 친 단어 중 순 우리말은 무엇일까요?

❶ 냉면 사리를 추가했다.

❷ 큰 스님의 사리를 보관했다.

❸ 사리분별을 잘 한다.

Day **003**   다음 가로세로 낱말 퀴즈를 풀어보세요.

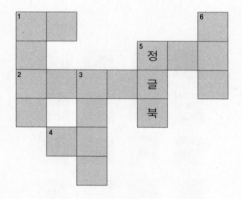

힌트!

1. (세로) 실내 트랙에서 하는 스피드 스케이트 경기. 또는 그 트랙.

   (가로) 폴란드의 작곡가 · 피아니스트(1810~1849). 섬세하고 화려한 피

   아노곡을 지어 '피아노의 시인'으로 불렸다. 작품에 수많은 협주곡과 소나

   타곡이 있다.

2. 강철봉을 정삼각형으로 구부려 한쪽 끝을 실로 매달고 같은 재료의 막대로

   두드리는 타악기.

3. (세로) 오랑캐로 오랑캐를 무찌른다는 뜻으로, 한 세력을 이용하여 다른 세
   력을 제어함을 이르는 말.

4. 어떠한 사물이나 현상을 이루기 위하여 먼저 내세우는 것. 추리를 할 때,
   결론의 기초가 되는 판단.

5. 무릎 아래에서 앞 뼈가 있는 부분.

6. 이성적 사유 또는 직관에 의해서만 포착되는 초경험적이며 근원적인 영역.

Day 001
뱀, 노루, 곰, 기린, 개미, 매미, 개, 매, 모기, 고니, 이, 오리

Day 002 ❶번
❶ 사리 : 순 우리말. 국수, 새끼, 실 따위를 동그랗게 포개어 감은 뭉치
❷ 사리(舍利/奢利) : 한자어. 석가모니나 성자의 유골. 후세에는 화장한 뒤에 나오는 구슬 모양의 것만 이른다.
❸ 사리(事理) : 한자어. 일의 이치.

Day 003
1. (세로) 쇼트트랙
   (가로) 쇼팽
2. 트라이앵글
3. 이이제이
4. 전제
5. 정강이
6. 형이상

6
Week

Day 001   다음 자음과 모음을 조합해 한 단어를 만들어보세요.

ㅈ ㅈ ㄱ ㅓ ㅡ ㅣ ㄹ ㅇ ㅁ

Day 002   다음 문장 중 맞지 않은 단어 한 가지를 골라보세요.

가수 김종국은 건장한 체격에 호감형 외모를 지녔으며
뛰어난 노래 실력까지 갖춘 재원입니다.

34

Day **003**   다음 가로세로 낱말 퀴즈를 풀어보세요.

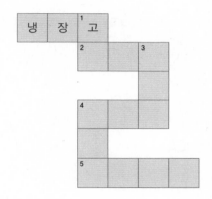

힌트!

1. 아버지의 누이를 이르거나 부르는 말.

2. 어린 식물을 옮겨 심을 때에 사용하는, 흙손만 한 작은 삽.

3. 매우 짧은 시간.

4. (가로) 소 잃고 ☐☐☐ 고친다.

   (세로) 외국에서 들어온 말로 국어처럼 쓰이는 단어.

5. 둘이 다투는 틈을 타서 엉뚱한 제 3자가 이익을 가로챔을 이르는 사자성어.

Day 001 정글짐

Day 002 재원
재원은 재주가 뛰어난 젊은 여자를 가리키는 말로 남자인 가수 김종국을 설명하는 데 쓰일
수 없는 표현입니다.

Day 003
1. 고모
2. 모종삽
3. 삽시간
4. (가로)외양간/(세로)외래어
5. 어부지리

Day 001   다음 중 상황에 맞는 표현을 골라보세요.

눈물은 끝없이 (❶ 베갯잎 ❷ 베갯잇 ❸ 베갯닛)을 적셨다.
하염없이 울며 돌아오는 길에 봄을 맞은 바람이 (❹ 따뜻히 ❺ 따뜻이) 불어왔다

Day 002   다음 중 세 단어는 꽃 이름이고, 하나는 다른 뜻
의 단어입니다. 꽃 이름이 아닌 단어를 골라보세요.

❶ morning glory

❷ forget-me-not

❸ golden bell

❹ pick-me-up

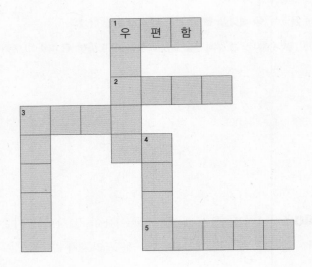

힌트!

1. 동유럽의 흑해 북쪽에 있는 공화국. 옛 소비에트 연방 가맹 공화국의 하나 였으나 1991년에 소련이 해체되면서 독립국이 되었다.

2. 장미과의 나무딸기류 가운데 주로 목본(木本)을 통틀어 이르는 말. 붉은색 열매가 열리고 가지가 옆으로 처지는 종에는 검은색이나 자주색 열매가 열 린다.

3. (가로) 범죄가 일어난 때에, 피고인 또는 피의자가 범죄 현장 이외의 장소 에 있었다는 사실을 주장함으로써 무죄를 입증하는 방법.

   (세로) 원인을 알 수 없는 뚜렷한 뇌 위축으로 기억력과 지남력이 감퇴하는 병. 노인성 치매와 거의 같은 뜻으로 쓴다.

4. 하지 못하는 일이 없음을 뜻하는 사자성어.

5. 정부나 기업의 비리, 불법 행위를 고발하는 사이트로 2006년 12월 호주 출신 줄리언 어샌지가 설립했다.

해설

Day 001 ❷번, ❺번
'베개의 겉을 덧씌워 시치는 헝겊'을 가리켜 '베갯잇'이라 하고, 정답고 포근한 알맞게 높은 온도를 나타내는 말은 '따뜻이'가 맞는 표현입니다.

Day 002 ❹번
morning glory 나팔꽃
forget-me-not 물망초
golden bell 개나리
pick-me-up 피로 해소제

Day 003
1. 우크라이나
2. 라즈베리
3. (가로)알리바이, (세로)알츠하이머
4. 무소불위
5. 위키리크스

Day 001 다음 보기에서 공통적으로 연상되는 단어는 무엇일까요?

까요?

삼짇날	못 위의 잠	행복한 왕자	흥부전

Day 002   그림과 문장을 보고 빈 칸에 들어갈 단어를 유추해보
세요.

□□ 에 자빠진 돼지가 평지에 자빠진 돼지 나무란다.

(같은 처지에 남 탓만 한다는 뜻의 속담)

Day 003   다음 가로세로 낱말 퀴즈를 풀어보세요.

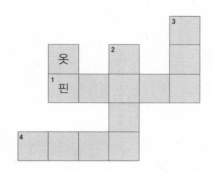

힌트!

1. 이미지나 사진을 공유, 검색, 스크랩하는 이미지 중심의 소셜 네트워크 서비스. 벽에 물건을 고정할 때 쓰는 핀과 '관심사'를 뜻하는 단어의 합성어.

2. 다른 사람이 만들어놓은 콘텐츠를 목적에 따라 분류하고 배포하는 일을 뜻하는 말. 미술관·박물관 등에 전시되는 작품을 기획하고 설명해주는 '큐레이터(curator)'에서 파생한 신조어.

3. '아이들 같은 감성과 취향을 지닌 어른'을 지칭한 신조어.

4. 기업이 임직원에게 일정수량의 자기회사의 주식을 일정한 가격으로 매수할 수 있는 권리를 부여하는 제도. 주식매입선택권 및 주식매수선택권이라고 한다.

해설

Day 001 제비

Day 002 언덕
꿍꿍 언 오리(Duck)가 힌트가 됐나요?

Day 003
1. 핀터레스트
2. 큐레이션
3. 키덜트
4. 스톡옵션

Day 001   그림과 문장을 보고 빈 칸에 들어갈 단어를 유추해보세요.

못된 나무에 ☐☐ 만 많다.

(쓸데없는 것이 번식만 많이 한다는 뜻의 속담)

Day 002   다음 꽃들 중 진짜 꽃은 무엇일까요?

❶ 눈꽃

❷ 웃음꽃

❸ 함박꽃

❹ 얼음꽃

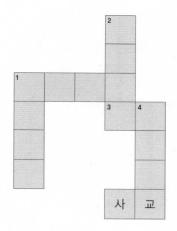

힌트!

1. (세로) 나이를 먹을수록 기력(氣力)이 더욱 좋아진다는 뜻의 사자성어.

   (가로) 영유아와 어린이의 출입을 금지하는 업소를 가리키는 신조어.

2. 부모, 자녀, 손자, 증손과 같이 곧바로 이어나가는 관계를 일컫는 말.

3. 예로부터 전해지는 조상들의 지혜가 담긴 표현. 교훈이나 풍자를 하기 위

   해 어떤 사실을 비유의 방법으로 서술하는 간결한 관용어구.

4. 맑은 물의 사귐이라는 뜻으로, 담박(淡泊)하고 변함없는 우정(友情). 교양

   (敎養)이 있는 군자(君子)의 교제(交際)를 이르는 사자성어.

Day 001 열매
매가 열 마리 있는 그림의 의미를 이해하셨나요?

Day 002 ❸번
함박꽃은 함박나무의 꽃, 작약의 꽃을 일컫는 단어입니다.

Day 003
1. (세로) 노당익장 / (가로) 노키즈존
2. 직계존속
3. 속담
4. 담수지교

Day 001   다음 빈 칸에 공통으로 들어갈 단어는 무엇일까요?

□□를 갖는다는 건 또 하나의 인생을 배우는 것이다.

다른 모든 것을 다 가졌다 해도,

그 누구도 □□ 없이는 살고 싶지 않을 것이다.

오래된 □□ 는 우리 인생의 뜨개질 속의 털실 한 줄이다.

그림과 문장을 보고 빈 칸에 들어갈 단어를 유추해보세요.

□□□□만 보아도 춤을 춘다.

(김칫국부터 마신다와 비슷한 속담)

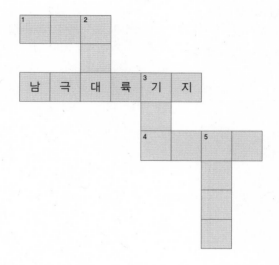

힌트!

1. 9세기 서남해안의 해적을 평정하고 당나라와 일본을 상대로 국제무역을 주
   도했던 신라의 무장.

2. 지금으로부터 5억 8000만 년 전부터 2억 2500만 년 전까지의 시대로서
   지질시대를 구분하는 기준에서 원생대와 중생대 사이의 시기.

3. 기상 상태를 관측하고 예보하는 일을 맡아보는 행정 기관.

4. 생식용의 채소재배로서 인분뇨를 거름으로 사용하지 않는 재배법.

5. 집에 있으면서 독서를 한다는 뜻의 사자성어.

Day 001 친구

Day 002 오동나무
건물에 적힌 5의 의미를 이해하셨다면 당신의 창의력은 아직 녹슬지 않았답니다.

Day 003
1. 장보고
2. 고생대
3. 기상청
4. 청정재배
5. 재가독서

Day 001 그림과 문장을 보고 빈 칸에 들어갈 단어를 유추해보
세요.

발새 □□ 만도 못하다.

(남을 몹시 업신여김을 비유적으로 말한 속담)

Day 002 다음 속담에 공통으로 들어갈 숫자는 무엇일까요?

중매는 잘하면 술이 □ 잔이고 못하면 뺨이 □ 대라.

□ 치 혀가 사람 잡는다.

구슬이 □ 말이라도 꿰어야 보배

Day 003   다음 가로세로 낱말 퀴즈를 풀어보세요.

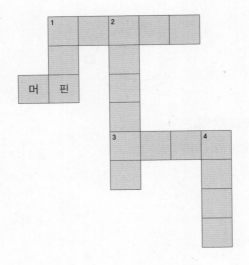

힌트!

1. (가로) 미국의 도시로, 뉴욕과 워싱턴의 거의 중간, 델라웨어강의 우안에
위치하며 미국 메갈로폴리스의 중심 도시 가운데 하나다.

(세로) 적도의 약간 북쪽, 아시아 대륙 남동쪽의 서태평양에 산재하는
7000여 개의 섬들로 구성된 나라이다. 1565년부터 에스파냐가 정복하였
고, 1898년 독립을 선언하였으나 에스파냐−미국 전쟁으로 미국의 지배를

받게 되었다. 1943년 일본 점령을 거쳐 1945년 미국군이 탈환한 후 독립하였다.

2. 리들리 스콧 감독이 제작하고 수전 서랜던과 지나 데이비스가 주연한 1991년작 미국 영화이다. 로드 무비의 전형으로, 평범한 두 여성이 겪는 사건들을 통하여 여성주의적인 요소를 표현하여 이후 여성주의 영화의 아이콘이 되었다.

3. 입은 다르지만 하는 말은 같다는 뜻으로, 여러 사람의 말이 한결같음을 이르는 사자성어.

4. 참되고 성실(誠實)한 마음과 뜻이라는 의미의 사자성어.

해설

Day 001 티눈
눈의 모양을 유심히 보셨다면 빨리 맞힐 수 있었겠지요?

Day 002 3

Day 003
1. (가로) 필라델피아 / (세로) 필리핀
2. 델마와 루이스
3. 이구동성
4. 성심성의

Day 001   다음 수식을 □ = □ 로 바꿔보세요. (힌트 : 한자)

+ = + = + = = = + = + + + − + −

Day 002   다음 단어 중 용 용(龍) 자가 사용되지 않은 단어는?

❶ 용수철

❷ 용트림

❸ 용솟음

Day 003   다음 가로세로 낱말 퀴즈를 풀어보세요.

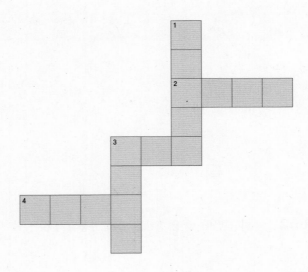

힌트!

1. 한반도와 관련된 국제 이슈에서 한국이 소외된 채 주변국끼리만 논의가 진행되는 현상을 말하는 용어.

2. 여러 사람이 비참한 지경에 처하여 그 고통에서 헤어나려고 비명을 지르며 몸부림침을 형용해 이르는 사자성어.

3. (가로) 직물 표면에 열과 압력에 의하여 오목볼록한 모양을 나타내는 가공.

(세로) 미국 영화배우로 2005년 드라마 'The New Partridge Family'

로 데뷔했다. '하우스 버니' '좀비랜드' '어메이징 스파이더맨' '버드맨' '라라

랜드' 등 밝고 다양한 캐릭터를 소화하며 전세계 여배우 출연료 1위에 등극

하기도 했다.

4. 본래 항공기용으로 개발된 것으로, 해당 항공기의 상태 및 교신 내용을 기

록하는 역할을 한다. 때문에 사고 후 이를 회수하여 분석하면 해당 항공기

의 사고 경위를 정확하게 알아내는 데 큰 도움이 된다.

Day 001 34=34 또는 16=16
수식을 한자로 바꿔서 풀어보면
12+22=22+10+1+1
또는
12+2+2+2=2+2+10+1+1
라는 수식을 만들 수 있다.

Day 002 ❸번
용솟음은 농악놀이 때 부포상모를 쓴 대원이 산치기로 부포를 세우고 발짓 · 고개짓으로 부
포를 세운 다음 연봉놀이처럼 부포를 폈다 오므렸다 하되, 이 부포를 힘 있게 눌렀다 당겼
다 하여 용이 힘차게 솟아오르는 모습과 같이 보이게 하는 재주를 의미하는 단어입니다.

Day 003
1. 코리아패싱
2. 아비규환
3. (가로) 엠보싱 / (세로) 엠마스톤
4. 블랙박스

Day 001 그림과 문장을 보고 빈 칸에 들어갈 단어를 유추해보
세요.

쇠 □□ 도 꾸미기 탓이라.

(못생긴 사람도 꾸미기에 따라 잘 생겨 보일 수 있다는 뜻의 속담.)

Day 002 다음 중 상황에 맞는 표현을 골라보세요.

(❶ 널따란 ❷ 넓다란) 운동장에서 (❸ 쫓고 쫓기는 ❹ 쫒고 쫒기는) 꼬리잡
기 게임을 하느라 정신이 없는 오빠를 (❺ 닥달 ❻ 닦달)해 식당에 데려갔다.
오빠에게 라면을 사달라고 졸라 라면이 (❼ 붙기 ❽ 불기) 전에 먹고 나왔다.

Day 003   다음 가로세로 낱말 퀴즈를 풀어보세요.

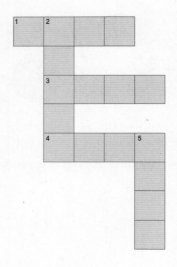

힌트!

1. 30년간 텔레비전 쇼 프로그램에 노출되어 살아가던 한 인간의 정체성을 찾는 과정을 그린 영화.

2. 전구를 이용한 조명건축물 축제. 조명으로 건축물을 만들거나 치장하는 축제로서 빛의 예술 또는 빛의 조각이라고도 한다.

3. 승화성 물질이며 벤젠고리 두 개가 이어져 있는 방향족 탄화수소 화합물.

무수프탈산의 원료로서 공업적으로 대량 사용되며 이것으로 염료나 플라스틱이 만들어짐.

4. 국립경주박물관에 있는 신라시대의 종으로 정식 이름은 성덕대왕 신종이다. 높이가 3.6m에 달하는 우리나라 범종 가운데 크기나 양식 면에서 볼 때 가장 뛰어난 작품이다.

5. 왕실(王室)과 나라를 함께 이르는 말.

Day 001 말뚝
울고 있는 말에게 뭐라고 하는 걸까요? 뚝!

Day 002 ❶번, ❸번, ❻번, ❼번
3번의 '쫓다'는 '어떤 대상을 잡거나 만나기 위하여 뒤를 급히 따르다'는 뜻이고, '쫓기다'
는 '쫓다'의 피동사입니다. '붇다'는 '물에 젖어서 부피가 커지다/분량이나 수효가 많아지
다'는 뜻입니다. '붇다'는 자음 어미 앞에서 '붇'이지만 모음 어미 앞에서는 '불'로 형태가 바
뀌는 'ㄷ'불규칙 동사입니다. 따라서 '강물이 불기 전에 건너라/국수가 불으면 맛이 없다'
처럼 사용해야 합니다.

Day 003
1. 트루먼 쇼
2. 루미나리에
3. 나프탈렌
4. 에밀레종
5. 종묘사직

Day 001 그림과 문장을 보고 빈 칸에 들어갈 단어를 유추해보
세요.

절이 망하려니깐 □□□ 장수가 들어온다.

(일이 안 되려니까 뜻밖의 괴상한 일이 생긴다는 뜻의 속담)

Day 002 초성만 보고 속담을 유추해보세요. 언어적 상상력과 직관력
을 길러줍니다.

ㅅ ㅇ ㄱ ㄸ ㄴ ㄲ ㅁ ㄷ ㅇ ㄷ ㄸ ㄷ

힌트!

남이 한다고 하니 분별없이 덩달아 나섬을 비유적으로 이르는 속담입니다.

다음 가로세로 낱말 퀴즈를 풀어보세요.

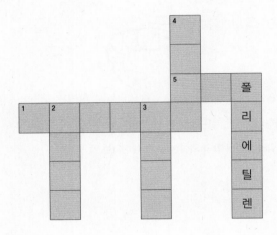

힌트!

1. 휴대폰, 노트북, PDA등과 같은 첨단 디지털 장비를 휴대한 채 자유롭게 떠도는 사람으로서, 디지털 기기를 이용하여 시공간의 제약 없이 인터넷에 접속하여 필요한 정보를 찾고 쌍방향 커뮤니케이션을 나누는 무리를 일컫는 신조어.

2. 지초와 난초 같은 향기로운 사귐이라는 뜻으로, 벗 사이의 고상한 교제를 이르는 말.

3. 말의 귀에 동풍이라는 뜻으로, 남의 비평이나 의견을 조금도 귀담아 듣지
   아니하고 흘려버림을 이르는 말.

4. 가로 방향의 날개들이 회전하거나 상,하로 작동하여 햇빛의 양을 조절해주
   는 것. 커튼보다 가볍고 세련된 느낌의 실내 분위기를 조성해준다는 특징
   이 있다.

5. 국제형사경찰기구(International Criminal Police Organization:ICPO)
   의 전신약호로 동 기구의 호칭. 국제적인 형사경찰의 협력기관으로서 국제범죄
   의 신속한 해결과 각국 경찰기관의 발전을 도모하기 위한 기술협력을 목적으로
   하는 기구.

해설

Day 001 새우젓

Day 002 숭어가 뛰니까 망둥어도 뛴다

Day 003
1. 디지털 노마드
2. 지란지교
3. 마이동풍
4. 블라인드
5. 인터폴

Day **001**   다음 중 상황에 맞는 표현을 골라보세요.

(❶ 어줍잖게 ❷ 어쭙잖게) 구걸이나 하는 녀석이

(❸ 어따 대고 ❹ 얻다 대고) 큰 소리야?

Day 002   초성만 보고 속담을 유추해보세요. 언어적 상상력과
직관력을 길러줍니다.

ㅁ ㄹ ㅁ ㅇ ㅇ ㅇ ㅇ ㄴ ㄱ ㅂ

힌트!

아무것도 모르면 차라리 마음이 편하여 좋으나, 무엇이나 좀 알고 있으면 걱정
거리가 많아 도리어 해롭다는 뜻의 속담입니다.

Day **003**   다음 가로세로 낱말 퀴즈를 풀어보세요.

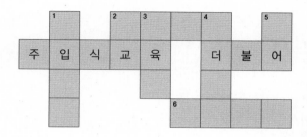

힌트!

1. 경치나 문장 또는 어떤 일의 상황이 점점 갈수록 재미있게 전개된다는 뜻의 사자성어.

2. (세로) 나라 간의 교제를 맺는 일.

   (가로) 조선 초기에 왕권 강화에 힘쓴 제7대 임금 세로로 이 칭호로 더 많이 알려져 있다. 계유정난을 일으켜 단종을 쫓아낸 뒤 임금이 되었다.

3. 부부가 이혼한 뒤 미성년 자녀를 누가 양육할 것인지에 관한 권리.

4. '□□□□ 없는 간결한 실루엣과 부드러운 소재를 사용하였다.'와 같이 사용할 수 있다.

5. 살아 있는 상태로 유통과정에 오르는 물고기, 새우, 조개, 물오징어 등의 어패류를 말한다.

6. 제기를 가지고 발로 차는 놀이. 제기는 엽전이나 쇠붙이에 얇고 질긴 종이나 천을 접어서 싼 다음, 끝을 여러 갈래로 찢어 너풀거리게 한 놀이기구.

Day 001 ❷번, ❹번
'어쭙잖다'는 '시시하고 보잘 것 없다'는 뜻의 표준어입니다. '얻다'는 '어디에다'의 준말입니다.

Day 002 모르면 약이요 아는 게 병

Day 003
1. 점입가경
2. (세로) 수교
   (가로) 수양대군
3. 양육권
4. 군더더기
5. 활어
6. 제기차기

16 Week

Day 001   다음 중 상황에 맞는 표현을 골라보세요.

(**❶** 엊그저께 **❷** 엊그저게) 나를 (**❸** 마뜩잖게 **❹** 마뜩찮게)
생각했던 전 직장 상사를 우연히 만났다.

Day 002   다음 중 '음식이 씹어 먹기 알맞도록 부드럽고 말랑
말랑하다'는 뜻의 말은 무엇일까요?

❶ 서리서리하다

❷ 피르피르하다

❸ 마닐마닐하다

다음 가로세로 낱말 퀴즈를 풀어보세요.

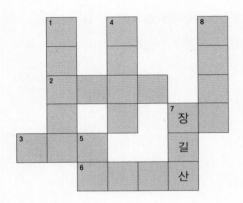

힌트!

1. 봄이 왔건만 봄 같지 않음. 봄이 왔지만 봄 같지 않게 추운 날씨가 계속 이
   어진다는 뜻을 넘어, 계절은 좋은 시절이 왔지만 아직도 상황 또는 마음은
   겨울이라는 의미로 쓰이는 말.

2. 한 하늘에서 더불어 살 수 없는 원수.

3. 시인으로, 사물의 이면에 내재하는 본질을 파악하는 시를 써 '인식의 시인'으
   로도 일컬어진다. 평론가로 활동하기도 하였으며 주요 작품으로 〈꽃〉, 〈꽃을
   위한 서시〉등이 있다.

4. 중국 4대 기서(奇書) 중 하나로 16세기에 나온 『서유기』의 주인공 손오공
   을 일컫는 말.

5. 히브리인들이 최초로 사용했던 현악기의 한 종류로 오늘날 하프에 해당하
   는 악기.

6. 비단에 수를 놓은 듯이 아름다운 산천이라는 뜻의 말.

7. 일정한 장소의 밖이라는 뜻으로, 조선 시대에는 과거 시험장의 외부를 지
   칭하기도 함.

8. 보통 사람이 짐작할 수 없을 정도로 엉뚱하고 기발한 것을 뜻하는 말.

Day 001 ❶번, ❸번
'엊그저께'는 '바로 며칠 전'이라는 뜻입니다. 여기서 '엊'은 '어제'의 'ㅔ'가 줄어든 것이죠.
'마뜩잖게'는 '마음에 들 만하지 아니하다'는 뜻의 형용사입니다.

Day 002 ❸번

Day 003
1. 춘래불사춘
2. 불구대천
3. 김춘수
4. 제천대성
5. 수금
6. 금수강산
7. 장외
8. 기상천외

Day 001   다음 중 상황에 맞는 표현을 골라보세요.

"이 자리를 (❶ 빌려 ❷ 빌어) 감사하고 싶습니다."

그는 이 말을 마치고 두 눈을 (❸ 지긋이 ❹ 지그시) 감았습니다.

Day 002   다음 알파벳 문자들은 공통점이 있다. 이 열에서 빠진 문자는 무엇인가?

B C D E I K O X

다음 가로세로 낱말 퀴즈를 풀어보세요.

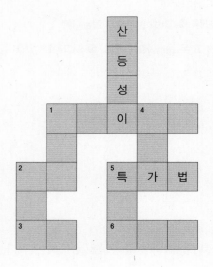

힌트!

1. (가로) 심훈이 지은 시 또는 작품집. 1930년 3월 1일 기미독립선언일을 기념하여 쓴, 식민지시대의 대표적인 저항시의 하나이다. 가정법을 사용하여 광복의 기쁨과 격정의 순간을 역동적으로 포착하고 있는 작품으로, 남성적인 어조가 특징이다.

(세로) '별로', '딱히'와 비슷한 의미의 표현.

2. (가로) 24절기의 하나로 대설과 소한 사이에 있으며 음력 11월 중, 양력 12월 22일경이다. 일 년 중에서 밤이 가장 길고 낮이 가장 짧은 날이다. (세로)우리나라 동쪽에 있는 해안으로 서해안 및 남해안에 잘 나타나는 리아스식해안과 대조되는 남북 방향의 단조로운 해안선을 가지며 섬의 발달도 미약한 지리적 특성을 보인다.

3. 속을 태우며 조급하게 구는 일.

4. 그리스 자모의 맨 끝 글자. 대문자는 Ω, 소문자는 ω로 표기하며 끝 · 최후라는 뜻이다. 처음이라는 뜻을 가진 자모의 첫자 알파(A, α)와 대비되는 말.

5. 전략적 · 전술적 목적의 특수임무나 기습공격을 실시하기 위하여 특별히 편성되어 훈련 · 장비된 특수부대.

6. 사람이나 사물, 장소를 직접 가리키는 기능을 하는 품사.

Day 001 ❶번, ❹번
'지그시'는 '슬며시 힘을 주는 모양/조용히 참고 견디는 모양'을 말하고, '지긋이'는 '나이가 비교적 많아 듬직하게/참을성 있게 끈지게'의 뜻입니다. 또, '빌다(빌어)'는 '간청하다'의 의미고, '빌리다(빌려)'는 '댓가로 쓰다'는 뜻입니다. 과거에는 '빌다'와 '빌리다'의 의미를 혼용하였지만, 1988년 표준어 규정 이후 의미를 구분했습니다.

Day 002 H
제시된 알파벳들은 위아래가 대칭된다는 공통점을 갖고 있습니다.

Day 003
1. (가로) 그날이 오면 / (세로) 그다지
2. (가로) 동지 / (세로) 동해안
3. 안달
4. 오메가
5. 특공대
6. 대명사

"방금 내가 뭐 말하려고 했지?"
단어가 잘 떠오르지 않고,
건망증이 심해졌다면?

○ + □　　　최근 '디지털 치매'와 같은 부작용이 사회적인 문제로 대두되고 있다. 우산과 같은 소지품을 어디다 두었는지 잊어버리거나, 방금 하려고 했던 말이 갑자기 생각이 안 난다든지, 주차장에 차를 세워두었는데 몇 층에 주차했는지 모르는 경우 등등 우리는 기억하는 행위에 점점 낯설어지고 있다.

왜 이런 현상이 발생하고 있을까? 기억하는 행위 자체에 익숙하지 않기 때문이다. 이를 해결하기 위해 가장 쉽고 효과적인 방법이 '관찰하는 습관'을 들이는 것이다. 기억을 하기 위한 최소한의 단위가 바로 '관찰'이다. 이 관찰하는 습관만 만들어도 건망증과 같은 증상은 쉽게 고칠 수 있다. 사실 위에 예를 든 일들이 건망증이라고도 볼 수 없는 게, 애초에 기억하려는 의지와 행위 자체가 없어서 그런 것이기 때문이다.

실제로 관찰력이 좋은 사람은 기억력도 좋다. 주위에 유독 기억력이 좋은 사람을 잘 보면 관찰력이 뛰어나다는 특징이 있으며, 외화 드라마 추리극을 봐도 뛰어난 관찰력과 기억력을 활용해 증거를 수집하고 범인을 잡아내는 주인공을 쉽게 볼 수 있다. 전문 기억력스포츠 선수들 또한 관찰력이 좋다. 그들은 따로 관찰력 훈련을 하기도 한다. 관찰력과 기억력은 서로 비례관계에 있다. 여러분도 평소에 주변 사물이나 배경을 관찰하는 습관을 만들어보기 바란다. 관찰하는 행위는 매우 좋은 지적활동이자 두뇌운동으로, 기억력뿐 아니라 집중력 향상에도 많은 도움이 된다.

그럼 관찰을 어떻게 해야 잘할 수 있을까? 관찰력을 높이는 관찰법을 소개한다.

1. 몇 초간 짧게 집중하여 관찰한다.
2. 눈을 감은 상태에서 방금 관찰한 것을 생생하고 자세하게 머릿속에 그려본다. 형태, 색감, 구조, 각 사물들의 위치관계 등을 위주로 떠올려본다.
3. 현실의 모습과 내 상상 속의 그림이 거의 일치할 때까지 관찰하고 상상하는 것을 반복한다.

자, 그럼 소개한 관찰법대로 아래의 그림을 관찰해보자.

이제 그림을 가리고 다음 질문에 대답해보자.

1. 그림에서 컴퓨터를 들고 있는 사람은 몇 명이었을까?

2. 그림에서 여자는 몇 명이었을까?

3. 그림에서 안경을 쓴 여자는 어떤 신발을 신었을까?

4. 그림에서 안경을 낀 남자는 혼자 있었을까? 누구와 함께 있었을까?

5. 그림에서 일어서 있는 사람은 남자였을까, 여자였을까?

From
18Week

to
34Week

18 Week

Day 001 '겨울'이라는 주제에 연상되는 단어 8개를 아래의 글자들에서 찾아보세요.

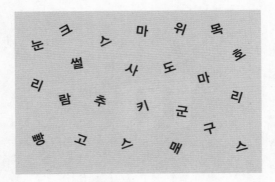

Day 002   다음 그림이 의미하는 단어는 무엇일까요?

89

다음 가로세로 낱말 퀴즈를 풀어보세요.

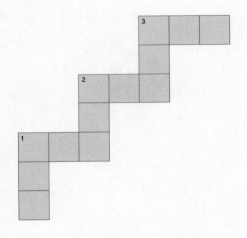

힌트!

1. (가로) 주나라 초기의 정치가이자 공신. 무왕을 도와 은나라를 멸망시켜 천하를 평정하였으며 제나라 시조가 되었다. 웨이수이강에서 낚시를 하고 있는데, 인재를 찾아 떠돌던 훗날 주나라 문황을 만나 재상으로 등용되었다.

   (세로) "감히 나에게 반격하는 □□□ 이 누구냐?"

2. (가로) 영화 제목. 〈 □□□ 습격사건〉

   (세로) Hero, Heroine

3. (세로) 징역 · 금고 · 구류 등 자유형의 선고를 받고 그 형기 중에 있는 자를 수용하여 행형과 교정처우를 시행하는 장소.

   (가로) 교육에 사용되는 교재를 교수학습에 편리한 형태로 편집한 도서.

해설

Day 001
눈사람, 크리스마스, 군고구마, 목도리, 스키, 썰매, 호빵, 추위

Day 002
❶ 초코우유
❷ 박스오피스
❸ 알쏭달쏭

Day 003
1. (가로) 강태공 / (세로) 강심장
2. (세로) 주유소 / (가로) 주인공
3. (세로) 교도소 / (가로) 교과서

Day 001 다음의 자음만 보고 해당될 수 있는 두 글자 단어를 다섯 가지 이상 생각하며 써보세요. 단어를 최대한 많이 생성해내는 과정을 통해 두뇌의 왼쪽 전두엽을 활성화시킬 수 있습니다.

ㄱㅈ　　ㄴㅁ　　ㄷㄱ　　ㅁㄱ

Day 002 다음 그림이 의미하는 단어는 무엇일까요?

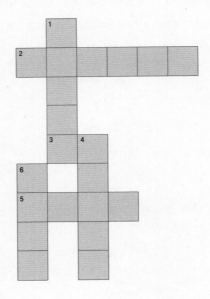

힌트!

1. 중세 이탈리아의 동방 여행가. 유럽인들의 동양 인식에 커다란 영향을 미친 〈동방견문록〉의 화자(話者)이자 주인공.

2. 일본의 소설가 무라카미 하루키의 장편 소설로서 1987년에 발표되었다. 무라카미 하루키의 대표작으로서 2009년에는 대한출판문화협회가 조사한

대한민국 사람이 가장 좋아하는 일본 소설로 뽑히기도 했다. 2010년에는
일본에서 소설을 원작으로 한 영화 《상실의 시대》가 제작되었다.

3. 미국 서부, 유타 주 북부의 도시. 인구 3만 3000명. 사탕무 · 야채 · 곡물
   등을 재배하며 식품공업 · 목축업 · 낙농업이 활발함. 1855년 모르몬교도
   가 건설.

4. 질병, 상해, 사망, 해산 따위의 경우에 의료를 위하여 든 비용이나 그로 인
   한 수입 감소를 보상하는 보험의 보험료.

5. 일본 애니메이션의 주인공. 일반적인 어린아이의 시점을 가진 귀여운 아기
   해달이고, 힘없고 느릿느릿한 말투가 특징이며 항상 느릿느릿해서 너부리
   의 놀림 대상이 된다. 거의 엉뚱한 방향으로 가곤 하지만 일반인을 뛰어넘
   는 심오한 사고력과 능력을 가지고 있다.

6. 이탈리아의 수학자. 상업상 널리 지중해 연안을 여행하고 그사이에 수학상
   의 지식을 얻어 아라비아 숫자를 유럽에 소개하였으며 후세에 산술과 대수
   의 기초를 마련하였다.
   $F_n=F_{n-1}+F_{n-2}$.(단, $F_0=0$, $F_1=1$)

Day 001
ㄱㅈ → 감자, 공주, 가정, 개장, 구정, 경제… 등
ㄴㅁ → 나무, 내면, 냉면, 논문, 나물, 노면… 등
ㄷㄱ → 도구, 대구, 동계, 두각, 동기, 돌기… 등
ㅁㄱ → 모기, 매각, 메기, 무기, 문고, 물개… 등

Day 002
❶ 불매운동
❷ 다이소
❸ 알파고

Day 003
1. 마르코 폴로
2. 노르웨이의 숲
3. 로건
4. 건강보험료
5. 보노보노
6. 피보나치

Day 001   다음의 자음만 보고 해당될 수 있는 두 글자 단어를 다섯 가지 이상 생각하며 써보세요. 단어를 최대한 많이 생성해내는 과정을 통해 두뇌의 왼쪽 전두엽을 활성화시킬 수 있습니다.

ㄱㅅ   ㄴㄹ   ㄷㅈ   ㅁㅅ

Day 002   다음 그림이 의미하는 단어는 무엇일까요?

Day 003　　다음 가로세로 낱말 퀴즈를 풀어보세요.

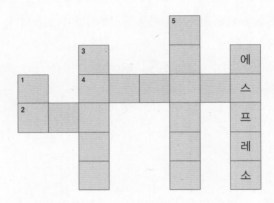

힌트!

1. 두 사람 사이의 공감적인 인간관계 또는 그 친밀도를 의미하는 심리학 용어이다. '마음이 서로 통한다', '무슨 일이라도 털어놓고 말할 수 있다', '말한 것이 충분히 이해된다'고 느껴지는 관계를 말한다.

2. 미국의 출판 및 미디어 기업으로 미국 부자 명단 및 백만장자 명단을 발표하는 것으로 유명하다. 주력 출판물인 잡지는 2주마다 발간된다.

3. MP3 플레이어, 컴퓨터 등 애플사의 모든 제품이 전시되어 있는 곳.

4. 고대 로마의 그리스인 철학자 · 저술가. 플라톤 철학을 신봉하고 박학다식한 것으로 유명하다. 전기, 속윤리, 철학, 신학, 종료, 자연과학, 문학, 수사학에 걸쳐 저술이 무려 250종에 달했던 것으로 추정된다.

5. 스위스 출신의 프랑스 건축가. 인간을 위한 건축으로 유명하며 혁신적이면서 합리적인 건축설계와 시대를 앞서나가는 이론으로 건축사에 큰 족적을 남겼다.

해설

Day 001
ㄱㅅ → 간식, 결속, 교수, 가사, 구성, 거사… 등
ㄴㄹ → 나라, 노래, 논리, 누리, 노랑, 나래… 등
ㄷㅈ → 다짐, 대전, 단전, 도전, 동전, 돌진… 등
ㅁㅅ → 만세, 목숨, 무사, 마술, 매사, 문상… 등

Day 002
❶ 편의점
❷ 조건반사
❸ 번개탄 또는 파스타

Day 003
1. 라포
2. 포브스
3. 애플스토어
4. 플루타르코스
5. 르 코르뷔지에

Day 001   다음 제시된 자음을 보고 동물 이름을 맞혀보세요.

ㄱㄹ →

ㅋㄲㄹ →

ㅇㄹㅁ →

ㄷㄹㄴ →

ㅊㅅㅁ →

Day 002   제시된 두 글자를 보고 뒤에 올 두 글자를 채워 단어
를 완성해보세요.

모나 ☐☐

와이 ☐☐

바리 ☐☐

블루 ☐☐

다음 가로세로 낱말 퀴즈를 풀어보세요.

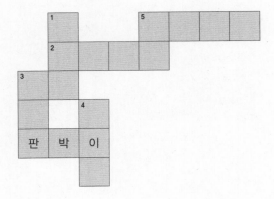

힌트!

1. "나는 육상경기 중에 허들과 물웅덩이로 이루어진 □□□ 경주가 제일 재미있더라."

2. 매우 사랑하여 소중히 여기는 모양을 가리키는 사자성어.

3. (가로) 범죄 행위로 취득한 타인의 물품.

   (세로) 장기를 두는 데 쓰이는 판. 가로 열 줄, 세로 아홉 줄의 직선이 그려져 있음.

4. 발꿈치 부분이 높게 들어 올려진 신발을 지칭하는 말로, 넓은 의미에서 보면 굽이 높은 신발을 가리키지만, 그 중에서도 특히 여성용의 신발을 가리키는 경우가 일반적이다. 건강에 좋지 않아 피할 것을 권장하고, 미국 앨라배마 주 모빌과 사우디아라비아는 아예 불법으로 규정하고 있다.

5. (가로)자나 깨나 잊지 못한다는 뜻의 고사성어.

Day 001 기린, 코끼리, 얼룩말, 도롱뇽, 청솔모
이 외에도 초성에 맞는 동물이름이라면 정답이 될 수 있습니다. 최대한 많이 생각하고 써볼수록 두뇌회전에 도움이 됩니다.

Day 002
모나리자, 와이파이, 바리스타, 블루오션

Day 003
1. 장애물
2. 애지중지
3. (가로) 장물 / (세로) 장기판
4. 하이힐
5. 오매불망

Day 001   다음의 자음만 보고 해당될 수 있는 두 글자 단어를 다섯 가지 이상 생각하며 써보세요. 단어를 최대한 많이 생성해내는 과정을 통해 두뇌의 왼쪽 전두엽을 활성화시킬 수 있습니다.

ㅅㄱ   ㄴㅈ   ㅈㄷ   ㅅㅁ

Day 002   제시된 두 글자를 보고 뒤에 올 두 글자를 채워 단어
를 완성해보세요.

연지 ☐☐
급속 ☐☐
십중 ☐☐
발레 ☐☐

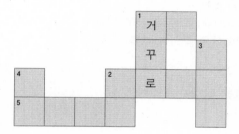

힌트!

1. 다른 말로 비료. 토지를 기름지게 하고 초목의 생육을 촉진시키는 것.

2. 노동에 직접 종사하지 않고 얻은 이익.

3. 특정한 개인이나 국가가 정당한 절차를 밟아 이미 차지한 권리. "□□□ 세
   력의 반발이 만만치 않겠어."

4. 자금을 융통하는 일.

5. 혼자 힘으로 집안을 일으켜 세우거나 큰 성과를 이루어 놓음. 남의 도움이
   나 부모의 도움 없이 스스로 집안을 일으켜 세우는 것 또는 그런 사람을 가
   리키는 표현.

해설

///

Day 001

ㅅㄱ → 사과, 소감, 서구, 솔개, 송곳, 산골… 등

ㄴㅈ → 나주, 낭자, 남자, 내전, 누전, 난전… 등

ㅈㄷ → 장담, 졸도, 지도, 진도, 절도, 중도… 등

ㅅㅁ → 사명, 생명, 소묘, 선명, 설명, 세무… 등

Day 002

연지곤지, 급속충전, 십중팔구, 발레파킹

Day 003

1. 거름

2. 불로소득

3. 기득권

4. 융자

5. 자수성가

Day 001   다음 제시된 자음을 보고 동물 이름을 맞혀보세요.

ㄲㅁㄱ →

ㅁㄷㅈ →

ㄷㄹㅈ →

ㄷㅁㅂ →

ㄷㅅㄹ →

ㅊㅅ →

Day 002   제시된 두 글자를 보고 뒤에 올 두 글자를 채워 단어
를 완성해보세요.

사주 ☐☐

마요 ☐☐

파인 ☐☐

카사 ☐☐

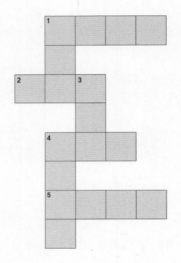

힌트!

1. (가로) 죽은 뒤 큰 죄가 드러난 사람에게 극형을 추시하던 일. 무덤을 파고
   관을 꺼내어 시체를 베거나 목을 잘라 거리에 내걸었다.

   (세로) 경북 영주시 부석면 봉황산 중턱에 있는 절. 676년(신라 문무왕
   16) 의상(義湘)이 왕명을 받들어 창건하고, 화엄의 대교(大敎)를 펴던 곳.

2. 제작된 영화를 개봉 전에 미리 보여주는 것.

3. 문학의 한 종류로, 개인의 경험 등을 통해 쓴 역사나 기록이다. 자서전과 비슷하다.

4. (가로)계절에 관계없이 잎의 색이 항상 푸른 나무.

(세로)남녀 ☐☐☐☐. 조선 전기의 학자들이 고려가요를 낮추어 부른 명칭.

5. 흩어지고 찢기어 갈피를 잡을 수 없음을 뜻하는 말.

해설

Day 001 **까마귀, 멧돼지, 다람쥐, 도마뱀, 독수리, 참새**
이 외에도 초성에 맞는 동물이름이라면 정답이 될 수 있습니다. 최대한 많이 생각하고 써
볼수록 두뇌회전에 도움이 됩니다.

Day 002
사주팔자, 마요네즈, 파인애플, 카사노바

Day 003
1. (가로) 부관참시 / (세로) 부석사
2. 시사회
3. 회고록
4. (가로) 상록수 / (세로) 상열지사
5. 지리멸렬

Day 001   다음의 자음만 보고 해당될 수 있는 두 글자 단어를 다섯 가지 이상 생각하며 써보세요. 단어를 최대한 많이 생성해내는 과정을 통해 두뇌의 왼쪽 전두엽을 활성화시킬 수 있습니다.

ㅎㅁ   ㄱㄹ   ㄷㅈ   ㄷㅅ

Day 002   제시된 두 글자를 보고 뒤에 올 두 글자를 채워 단어를 완성해보세요.

만리 □□
민주 □□
의사 □□
아카 □□

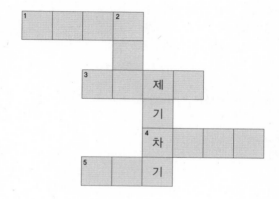

힌트!

1. 각 나라의 정상들이 모여 하는 회담.

2. 쌍떡잎식물 갈매나무목 포도과의 낙엽활엽 덩굴식물.

3. 오랑캐를 이용하여 다른 오랑캐를 통제하고 부림. 이 나라의 힘을 이용하여 저 나라를 제어함.

4. 오늘내일 하며 미리 정해 놓은 시기를 자꾸 물리는 모양.

5. 여러 나라의 국기를 줄에 매달아 장식하는 데 쓰이는 기장식의 일종이다. 초등학교 운동회, 상가의 신장개업, 박람회나 축제등의 행사기간 등 여러 경축사에 쓰인다.

Day 001

ㅎㅁ → 하마, 현미, 호미, 희망, 해마… 등

ㄱㄹ → 기린, 고래, 구령, 고립, 귀로… 등

ㄷㅈ → 돼지, 도장, 도주, 다짐, 대지… 등

ㄷㅅ → 등산, 대신, 두상, 도서, 다수… 등

Day 002

만리장성, 민주주의, 의사소통, 아카펠라(아카시아 등)

Day 003

1. 정상회담
2. 담쟁이
3. 이이제이
4. 차일피일
5. 만국기

Day 001   다음 제시된 자음을 보고 음식 이름을 맞혀보세요.

ㅁㅋㄹ →

ㅍㅇㄴㅁ →

ㅋㄱㅅ →

ㅎㄷㄱ →

ㅈㅈㅁ →

Day 002   제시된 두 글자를 보고 뒤에 올 두 글자를 채워 단어를 완성해보세요.

업데 ☐☐

세종 ☐☐

유비 ☐☐

명실 ☐☐

Day 003 다음 가로세로 낱말 퀴즈를 풀어보세요.

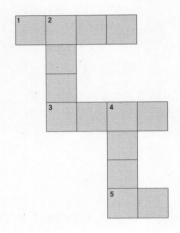

힌트!

1. "소풍의 하이라이트! 반별 □□□□ 시간을 갖겠습니다."

2. 동양의 전통적인 시작법(詩作法)의 한 종류. 다른 명칭으로 기승전락(起承轉落) 또는 기승전합(起承轉合)이라고도 한다. 제1구를 기구(起句), 제2구를 승구(承句), 제3구를 전구(轉句), 제4구를 결구(結句)라 하며, 이 네 구의 교묘한 구성으로 한 편의 절구를 만드는 방법이다. 즉, 기구에서 시상(詩想)을 일으키고, 승구에서 그것을 이어받아 발전시키며, 전구에서는

장면과 사상을 새롭게 전환시키고, 결구는 전체를 묶어서 여운(餘韻)과 여정(餘情)이 깃들도록 끝맺는 것이다.

3. 매듭을 묶은 자가 풀어야 한다는 뜻으로, 일을 저지른 사람이 일을 해결해야 함을 비유한 한자성어.

4. 하도 놀랍고 기이하여 그 정도를 헤아릴 수 없음. 도저히 이해할 수 없을 만큼 이상한 것을 가리킬 때 쓰는 표현.

5. 뒷간의 쥐란 뜻으로, 지위를 얻지 못한 사람을 조롱하여 이르는 말.

해설

Day 001 마카롱, 평양냉면, 콩국수, 핫도그, 자장면
이 외에도 초성에 맞는 음식 이름이라면 정답이 될 수 있습니다. 최대한 많이 생각하고 써
볼수록 두뇌회전에 도움이 됩니다.

Day 002
업데이트, 세종대왕, 유비무환, 명실상부

Day 003
1. 장기자랑
2. 기승전결
3. 결자해지
4. 해괴망측
5. 측서

26 Week

Day 001 다음의 자음만 보고 해당될 수 있는 두 글자 단어를 다섯 가지 이상 생각하며 써보세요. 단어를 최대한 많이 생성해내는 과정을 통해 두뇌의 왼쪽 전두엽을 활성화시킬 수 있습니다.

ㅂㄷ	ㅎㅅ	ㅇㅁ	ㅈㅈ

Day 002　　제시된 두 글자를 보고 뒤에 올 두 글자를 채워 단어를 완성해보세요.

박학 ☐ ☐
십시 ☐ ☐
인과 ☐ ☐
괄목 ☐ ☐

Day 003   다음 가로세로 낱말 퀴즈를 풀어보세요.

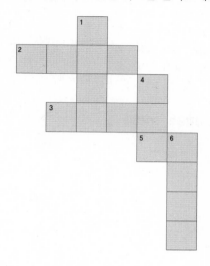

힌트!

1. 공공기업체나 공공기관에서 운영하는 방송.
2. 피의자가 수사기관의 출석요구에 불응하거나 불응할 우려가 있을 때 판사가 발부하는 것.
3. 아무 일도 하지 않고 세월을 그냥 흘려보냄. 삶에 가치 있는 일은 전혀 하지 않으면서 시간을 헛되이 보내는 모습을 나타낸 표현.
4. 고대 중국의 무기로, 칼날 모양이 초승달 같은 데서 연유한 이름.
5. 아라비아 반도의 동부 카타르반도 동안에 있는 카타르의 수도.
6. '서풍'을 이르는 순우리말.

해설

Day 001

ㅂㄷ → 바다, 부담, 분담, 별도, 분단··· 등

ㅎㅅ → 호수, 해수, 하사, 행사, 휴식··· 등

ㅇㅁ → 운명, 암막, 연민, 앙망, 열망··· 등

ㅈㅈ → 존재, 제주, 재주, 종적, 절제··· 등

Day 002

박학다식, 십시일반, 인과응보, 괄목상대

Day 003

1. 공영방송

2. 체포영장

3. 허송세월

4. 언월도

5. 도하

6. 하늬바람

Day 001   다음 제시된 자음을 보고 꽃 이름을 맞혀보세요.

> ㅌㄹ →
> ㅁㄷㄹ →
> ㅅㄱ →
> ㅎㅂㄹㄱ →
> ㅈㅂㄲ →
> ㅇㅋㅅㅇ →

Day 002   제시된 두 글자를 보고 뒤에 올 두 글자를 채워 단어
를 완성해보세요.

일거 ☐☐
대기 ☐☐
와신 ☐☐
견물 ☐☐

다음 가로세로 낱말 퀴즈를 풀어보세요.

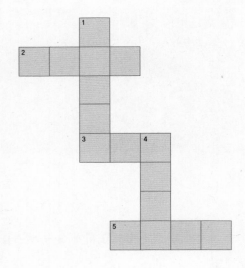

힌트!

1. 열심히 일은 하지만 소득이 적어 생활이 어려운 근로자 또는 사업자 가구에 대해 가구원 구성과 총 급여액 등에 따라 산정된 장려금을 지급하는 제도.

2. '해오라기'와 같은 뜻으로 순우리말.

3. 노래 "□ □ □ 찾아가자 일만이천봉 볼수록 아름답고 신기하구나~"

4. 산에서의 싸움과 물에서의 싸움이라는 뜻으로, 세상의 온갖 고난을 다 겪어 세상일에 경험이 많음을 이르는 말.

5. 겁을 먹고 벌벌 떨며 몸을 움츠린다는 뜻으로, 위기감에 절박해진 심정을 비유한 말.

해설

Day 001 **튤립, 민들레, 수국, 해바라기, 제비꽃, 아카시아**
이 외에도 초성에 맞는 꽃 이름이라면 정답이 될 수 있습니다. 최대한 많이 생각하고 써볼
수록 두뇌회전에 도움이 됩니다.

Day 002
일거양득, 대기만성, 와신상담, 견물생심

Day 003
1. 근로장려금
2. 하야로비
3. 금강산
4. 산전수전
5. 전전긍긍

Day 001   다음의 자음만 보고 해당될 수 있는 두 글자 단어를 다섯 가지 이상 생각하며 써보세요. 단어를 최대한 많이 생성해내는 과정을 통해 두뇌의 왼쪽 전두엽을 활성화시킬 수 있습니다.

ㅇㅇ	ㅎㅎ	ㅁㅁ	ㄱㄱ

Day 002   · 제시된 두 글자를 보고 뒤에 올 두 글자를 채워 단어를 완성해보세요.

시시 □□

금의 □□

파라 □□

볼리 □□

Day 003   다음 가로세로 낱말 퀴즈를 풀어보세요

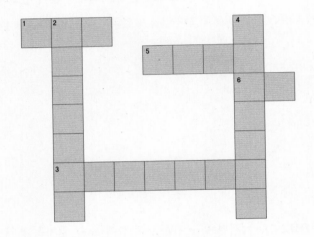

힌트!

1. 독일의 작곡가로 어릴 때부터 음악 교육을 받아 8세 때 첫 연주회를 열었다. 청력을 잃고도 음악활동을 놓치지 않았던 그는 빈고전파를 대표하는 작곡가로서 역사에 남았다.

2. (세로) 중세 유럽의 스콜라 철학을 대표하는 이탈리아의 신학자.

3. 일본의 소설가, 시인, 평론가, 정치가. 주요저서로는 〈노래의 이별〉, 〈갑을병정〉, 〈비 내리는 시나가와역〉이 있다.

4. (세로) 일본의 현대소설가로 장, 단편 소설, 번역물, 수필, 평론, 여행기 등 다양한 집필활동을 하는 작가다. 주요 작품으로는 〈바람의 노래를 들어라〉, 〈상실의 시대〉 등이 있다.

5. 프랑스 소설가로 진실과 정의를 사랑하는 모랄리스티이자 이상주의적 사회주의자로 평가받고 있다. 대표작으로는 〈목로주점〉, 〈루공마카르 총서〉 등이 있다.

6. 프랑스의 소설가이자 극작가. 1942년 〈이방인〉을 발표하여 문단의 총아로 떠올랐다.

Day 001

ㅇㅇ → 잉어, 온유, 연어, 유연, 이유, 여유… 등

ㅎㅎ → 훈화, 화훼, 후회, 하향, 호흡, 호환… 등

ㅁㅁ → 마모, 메모, 명문, 무마, 문맹, 멸망… 등

ㄱㄱ → 가격, 가게, 간격, 골격, 공격, 결과… 등

Day 002

시시비비, 금의환향, 파라과이, 볼리비아

Day 003

1. 베토벤

2. 토마스 아퀴나스

3. 나카노 시게하루

4. 무라카미 하루키

5. 에밀졸라

6. 카뮈

Day 001   다음 제시된 자음을 보고 식물 이름을 맞혀보세요.

> ㅂㅈ →
>
> ㄱㅁㄴㅁ →
>
> ㄷㄴㅁ →
>
> ㄷㅇ →
>
> ㅅㅇㅈ →
>
> ㅅㅌㅋ →

Day 002   제시된 두 글자를 보고 뒤에 올 두 글자를 채워 단어를 완성해보세요.

패널 □□
스파 □□
알쏭 □□
조조 □□

다음 가로세로 낱말 퀴즈를 풀어보세요.

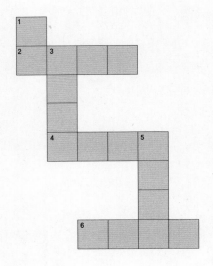

힌트!

1. 그릇이나 물건의 가장자리. 주로 '□□을 울리다'는 표현으로 사용되는 데, 이것을 울린다는 건 가장자리를 두드린다는 것이고 그러면 가운데까지 울려서 다 알게 된다는 뜻이 됩니다. 핵심은 찌르지 못하고 겉가지만 건드린다는 부정적인 뜻으로 사용되기도 합니다.

2. 대나무로 만든 말을 타고 놀던 옛 친구라는 뜻으로 어릴 때부터 친한 벗을 가리키는 말.

3. 음식이 씹어 먹기 알맞게 부드럽고 말랑말랑한 정도를 일컫는 순우리말.

4. 경기민요의 한 곡명. 후렴에 나오는 피리의 구음을 모방해 만든 구절에서 곡명을 따온 것. "□□□□ ~ 니나노 난실로 내가 돌아간다~"

5. 남의 눈을 피하여 한밤중에 도망함.

6. 관리들이 혹독하게 세금을 걷어 백성들이 살아가기 힘든 정치적 상황.

Day 001 바질, 고무나무, 대나무, 다육, 선인장, 스투키
이 외에도 초성에 맞는 식물 이름이라면 정답이 될 수 있습니다. 최대한 많이 생각하고 써
볼수록 두뇌회전에 도움이 됩니다.

Day 002
패널티킥, 스파게티, 알쏭달쏭, 조조할인

Day 003
1. 변죽
2. 죽마고우
3. 마닐마닐
4. 닐리리야(늴리리야)
5. 야반도주
6. 가렴주구

Day 001   다음의 자음만 보고 해당될 수 있는 두 글자 단어를
다섯 가지 이상 생각하며 써보세요. 단어를 최대한 많이 생성해내는
과정을 통해 두뇌의 왼쪽 전두엽을 활성화시킬 수 있습니다.

ㅍㅎ   ㄱㅇ   ㅍㅇ   ㄴㄴ

Day 002   제시된 두 글자를 보고 뒤에 올 두 글자를 채워 단어
를 완성해보세요.

오매 ☐ ☐
낙화 ☐ ☐
형설 ☐ ☐
결자 ☐ ☐

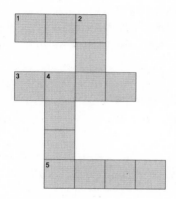

힌트!

1. 과즙이 흘러넘칠 것 같은 상큼한 매력을 일컫는 신조어.

2. 은하수의 순우리말.

3. 겉으로 보기에는 부드러우나 마음속은 강인함을 이르는 한자성어.

4. 어떤 것에도 얽매이지 않은 채 자유로이 살아가는 모습.

5. 잘못한 사람이 도리어 잘한 사람을 나무라는 경우를 이르는 말. "☐ ☐ ☐ ☐ 도 유분수지!"

Day 001

ㅍㅎ → 평화, 폐허, 포항, 파행, 평행, 폐해… 등

ㄱㅇ → 가위, 경우, 거울, 견우, 기우, 교우… 등

ㅍㅇ → 평야, 평양, 풀잎, 파일, 팽이, 폭염… 등

ㄴㄴ → 노년, 나노, 누나, 내년, 나눔, 노니… 등

Day 002

오매불망, 낙화유수, 형설지공, 결자해지

Day 003

1. 과즙미

2. 미리내

3. 외유내강

4. 유유자적

5. 적반하장

Day 001   다음 제시된 자음을 보고 나라 이름을 맞혀보세요.

ㅎㅈ →

ㅌㅋ →

ㅂㄱㄹㄷㅅ →

ㄷㅇ →

ㅌㄱ →

ㅍㅋㅅㅌ →

Day 002   제시된 두 글자를 보고 뒤에 올 두 글자를 채워 단어
를 완성해보세요.

이구 ☐☐
국회 ☐☐
인공 ☐☐
봉사 ☐☐

Day **003**   다음 가로세로 낱말 퀴즈를 풀어보세요.

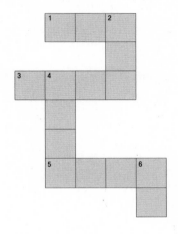

힌트!

1. 비밀친구라는 뜻의 이태리어. 제비뽑기 등을 하여 지정된 친구의 수호천사
   가 되어주는 게임.

2. '언제나, 한결같이, 꼭 그렇게'라는 의미의 순우리말.

3. 스스로를 해치고 돌보지 않는다는 의미로, 성취하겠다는 희망을 스스로 버
   리고 체념하는 상태를 말함.

4. 배를 안고 넘어질 정도로 몹시 웃는다는 뜻의 한자성어.

5. 헛되이 애만 쓰고 이익이 없음.

6. 남을 웃기는 재미있고 우스운 말이나 몸짓. "저 개그맨 표정 좀 봐. 정말
   □□스러워."

Day 001 호주, 터키, 방글라데시, 독일, 태국, 파키스탄
이 외에도 초성에 맞는 나라 이름이라면 정답이 될 수 있습니다. 최대한 많이 생각하고 써
볼수록 두뇌회전에 도움이 됩니다.

Day 002
이구동성(이구아나 등), 국회의원, 인공지능(인공수정 등), 봉사활동

Day 003
1. 마니또
2. 또바기
3. 자포자기
4. 포복절도
5. 도로무익
6. 익살

144

Day 001 다음의 자음만 보고 해당될 수 있는 두 글자 단어를
다섯 가지 이상 생각하며 써보세요. 단어를 최대한 많이 생성해내는
과정을 통해 두뇌의 왼쪽 전두엽을 활성화시킬 수 있습니다.

ㅂㅈ	ㅊㅁ	ㄱㅇ	ㄴㄹ

Day 002   제시된 두 글자를 보고 뒤에 올 두 글자를 채워 단어
를 완성해보세요.

프로 ☐☐
크레 ☐☐
선글 ☐☐
미리 ☐☐

Day 003 　다음 가로세로 낱말 퀴즈를 풀어보세요.

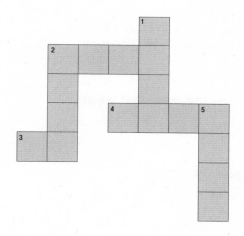

힌트!

1. 많으면 많을수록 더 좋다는 뜻의 고사성어.

2. (가로) '멀리가지 않고 눈으로 배웅하다'는 뜻의 순우리말.

   (세로) 농어목 고등어과의 바닷물고기. 주로 회, 초밥으로 먹는데 오메가

   3가 풍부하여 항암효과가 있는 생선으로 알려져 있습니다.

3. 2개 이상의 단어가 결합하여 구문상 1개의 단어와 같은 작용을 하는 단어.

4. 선을 권하고 악을 벌하다는 뜻의 고사성어.

5. 나쁜 입과 잡된 말이라는 뜻으로, 입에서 나오는 대로 온갖 욕을 함.

해설

Day 001

ㅂㅈ → 바지, 본적, 봉지, 부자, 반지, 부적… 등

ㅊㅁ → 치마, 처마, 친밀, 촉매, 충만, 차마… 등

ㄱㅇ → 가을, 개울, 겨울, 교역, 구역, 경우… 등

ㄴㄹ → 나라, 노래, 노력, 누리, 논리, 내력… 등

Day 002

프로젝트(프로포즈 등), 크레파스, 선글라스, 미리보기

Day 003

1. 다다익선

2. (가로) 눈바래다 / (세로) 눈다랑어

3. 숙어

4. 권선징악

5. 악구잡언

Day 001   다음 제시된 자음을 보고 과일 이름을 맞혀보세요.

ㅇㄹㅈ →

ㄱㄱ →

ㅇㄷ →

ㅊㅍㄷ →

ㅊㅇ →

ㅁㄹ →

Day 002   다음 단어를 조합해 세 단어로 이루어진 말로 만들어 보세요.

| 패 | 션 | 계 | 바 | 시 | 알 |

Day 003   다음 가로세로 낱말 퀴즈를 풀어보세요.

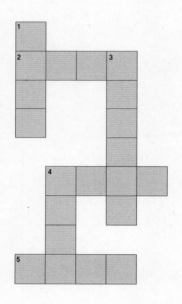

힌트!

1. 몹시 속을 태우며 볶아치다. "너무 ☐☐☐☐ 할 것 없어."

2. '달달하고 부드럽다'는 의미의 순우리말.

3. 1902년 창단한 에스파냐의 프로축구클럽. 에스파냐 마드리드에 연고지를 두고 있다.

4. (가로) '사랑하는 우리 사이'라는 의미의 순우리말.

   (세로) "우리나라는 예부터 동방 ☐☐☐☐ 으로 불릴 만큼 예의를 중시해 왔습니다."

5. 나라를 기울여 위태롭게 할 만큼 아름다운 여인을 일컫는 고사성어.

Day 001 **오렌지, 금귤, 앵두, 청포도, 참외, 메론**
이 외에도 초성에 맞는 과일 이름이라면 정답이 될 수 있습니다. 최대한 많이 생각하고 써
볼수록 두뇌회전에 도움이 됩니다.

Day 002
패션 시계 알바

Day 003
1. 안달복달
2. 달보드레
3. 레알마드리드
4. (가로) 예그리나 / (세로) 예의지국
5. 경국지색

Day 001 다음의 자음만 보고 해당될 수 있는 두 글자 단어를
다섯 가지 이상 생각하며 써보세요. 단어를 최대한 많이 생성해내는
과정을 통해 두뇌의 왼쪽 전두엽을 활성화시킬 수 있습니다.

ㅈㄱ   ㅂㅂ   ㅍㅈ   ㅎㅌ

Day 002 다음 제시된 자음을 보고 장소를 맞혀보세요.

ㄱㅇ →
ㅈㅊㅈ →
ㅎㅈㅅ →
ㅂㅇ →
ㄹㅅㅌㄹ →

다음 가로세로 낱말 퀴즈를 풀어보세요.

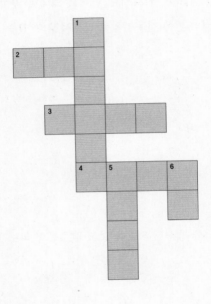

힌트!

1. 빈손으로 왔다 빈손으로 간다는 고사성어. 불교에서 유래한 표현으로 인생의 허무함을 나타내는 말.

2. '한강'의 순우리말.

3. 식품을 여러 방법으로 처리해 맛과 저장성을 높인 식품.

4. 머리와 꼬리는 잘라 버린다는 뜻. 요점만 말하는 것을 비유한 고사성어.

5. 문을 닫고 밖으로 나가지 않음.

6. '용'의 순우리말.

해설

Day 001
ㅈㄱ → 조건, 주권, 자격, 재기, 중간… 등
ㅂㅂ → 보배, 바보, 복부, 본분, 번복… 등
ㅍㅈ → 파장, 폭주, 피자, 표정, 퓨전… 등
ㅎㅌ → 한탕, 해탈, 흉터, 화투, 호탕… 등

Day 002 공원, 주차장, 화장실, 부엌, 레스토랑
이 외에도 초성에 맞는 장소 단어라면 정답이 될 수 있습니다. 최대한 많이 생각하고 써볼
수록 두뇌회전에 도움이 됩니다.

Day 003
1. 공수래공수거
2. 아리수
3. 가공식품
4. 거두절미
5. 두문불출
6. 미르

단순한 단어는 잊히지만
의미 있는 이야기는 기억된다

☼ + ☐　　앞서 관찰을 통한 기억법은 한 가지 한계가 있다. 이것만으로는 아주 많은 정보들, 또는 이미지들의 순서까지 기억할 수가 없다는 점이다. 이를 해결하기 위한 방법으로 약어법을 소개하려고 한다.

약어법은 각 단어들의 한 글자만 따서 하나의 의미 있는 단어나 문장으로 만드는 기법이다. 보통 첫 글자를 따서 두문자 기억법이라고도 한다. 추상적 이미지의 맨 윗줄을 예로 들어, 다섯 개의 이미지를 차례대로 [별사탕], [궁수], [마녀], [거북이], [공룡]으로 연상했다면, 각 단어의 첫 음절을 따서 '별궁마거공'으로 만들 수 있다.

첫 글자만을 따서 외우는 약어법 특성상 조금 더 길거나 어려운 단어 또는 문장을 '정확히' 기억하기에는 적합하지 않다. 또한 외우고 바로 떠올릴 땐 문제가 없지만, 시간이 조금 지난 후 떠올릴 땐 첫 글자들만 떠오를 확률이 높아진다.

이런 문제점을 해결해줄 수 있는 기억법으로 스토리텔링이 있다. 이 기법은 대상 정보들을 차례로 엮어 하나의 스토리를 만드는 방법이다. 약어법과 달리 스토리 안에 각 단어의 모든 글자가 들어가기 때문에, 약어법의 문제점을 어느 정도 보완해줄 수 있다. 또한 추상적인 단어나 어려운 단어도 큰 문제없이 순서까지 정확히 기억할 수 있다.

[별사탕], [궁수], [마녀], [거북이], [공룡]

이걸 스토리텔링으로 처리하면, '**별사탕**을 먹는 **궁수**가 **마녀**에게 활을 쏘자, 화가 난 마녀가 궁수를 **거북이**로 변하게 해 **공룡**에게 밟히게 했다.'라는 이야기로 만들 수 있다. 이야기를 만들 때는 최대한 인상에 강렬하게 남도록 해야 한다. 일상에서는 접할 수 없는 재미있고 특이한 이야기로 만들거나, 황당하고 우스꽝스럽거나 자극적인 스토리로 만들면 좋다. 또한 각각의 단어들을 차례로 엮을 때 연결고리를 끊어지지 않도록 강하게 지어주는 것이 필요한데, 이때는 어떤 '행동'이나 '상황', '인과관계'를 활용하여 이어주는 게 좋다.

다음의 10개의 단어와 이미지를 이용해 재미있는 이야기를 만들어보자.

[이순신], [편지], [인공지능], [소방차], [황홀한], [넥타이], [점심밥], [눈], [전철], [재봉틀]

From
35Week

to
52Week

Day 001 다음 대화에서 맞춤법을 틀리게 사용한 사람은 누구
일까요?

A : 이번 주말에 뭐해? 별일 없으면 나올래? 내가 밥 살게.

B : 왠일로 네가 밥을 다 산대?

A : 원래 자주 샀잖아.

B : 됐고, 뭐야~ 부탁 있으면 빨리 말해.

A : 그.... 나 그때 본 친구랑 소개팅 시켜줘.

Day 002   다음 〈보기〉의 글자를 두 개씩 골라 단어를 만들어보세요. (최소 15개 이상의 단어를 만들어야 하며, 글자는 반복하여 사용해도 됩니다.)

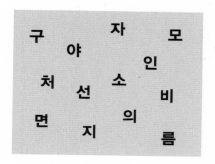

Day 003   다음 제시된 단어의 앞에 공통으로 들어갈 수 있는 글자는 무엇일까요?

마늘 나무 닭 → □

Day 001 B
명사를 꾸며주는 관형사로 쓰이는 단어는 '웬'입니다. 예) 웬일이니, 웬일로

Day 002
모자, 지면, 야인, 소비, 구름, 비지, 소인, 인자, 의자, 구인, 지름, 선처, 모면, 구
비, 소면 등

Day 003
통

Day 001   다음 메뉴판에서 맞춤법에 맞지 않는 메뉴를 찾아보
세요.

육 계 장 ········	7,000원
떡 볶 이 ········	3,500원
아 귀 찜 ········	20,000원
김치찌개 ········	7,000원
공 기 밥 ········	1,000원

Day 002   다음 〈보기〉의 글자를 두 개씩 골라 단어를 만들어보
세요. (최소 15개 이상의 단어를 만들어야 하며, 글자는 반복하여 사
용해도 됩니다.)

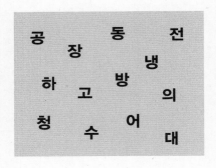

Day 003　　다음 제시된 단어의 앞에 공통으로 들어갈 수 있는 글자는 무엇일까요?

솟다　밀다　사랑　→　☐

Day 001 육계장
육개장이 바른 표현입니다.

Day 002
장수, 공장, 방어, 냉대, 전어, 공전, 방어, 냉동, 고수, 의전, 하청, 전의, 대장, 의수, 청하 등

Day 003
치

Day 001   다음 대화에서 맞춤법을 틀리게 사용한 사람은 누구
일까요?

A : 아, 어제 게임하느라 밤 샜더니 너무 피곤하네.

B : 게임 좀 그만해, 임마~

A : 그러게 오늘은 진짜 일찍 자야겠어. 근데, 너는 왜 이렇게 피곤해 보여?

B : 말도 마. 어제 집에 수도가 고장 나서 큰 난리 치뤘다.

Day 002 다음 중 순우리말이 아닌 것은 무엇일까요?

❶ 나르샤 : 비상하다, 날아오르다

❷ 나비잠 : 갓난아기가 팔을 머리 위로 벌리고 편히 자는 잠

❸ 날개 : 새나 곤충의 몸에 붙어 날아다니는 데 쓰는 기관

❹ 도담도담 : 아이가 별 탈 없이 자라는 모습

Day 003 다음 제시된 단어의 앞에 공통으로 들어갈 수 있는 글자는 무엇일까요?

이불 겹 바지 → ☐

173

Day 001 B

임마 → 인마

치뤘다 → 치렀다

Day 002 ❸번

날개의 순우리말 표현은 '나래'입니다.

Day 003

홅

Day 001   다음 중 순우리말이 아닌 것은 무엇일까요?

❶ 띠앗머리 : 형제, 자매 사이의 우애와 정

❷ 노고지리 : 종달새

❸ 가온누리 : 세상의 중심

❹ 우산 : 비를 막아주는 도구

다음 제시된 단어들을 보고 정답을 유추해보세요.

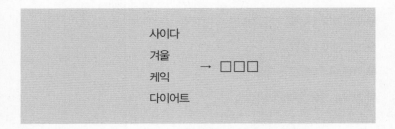

사이다
겨울
케익 → □□□
다이어트

Day 003   다음 제시된 단어의 앞에 공통으로 들어갈 수 있는
글자는 무엇일까요?

소매   낮   며느리 → □

해설

Day 001 ❹번
우산의 순우리말 표현은 '슈룹'입니다.

Day 002
고구마

Day 003
민

Day 001   다음 대화에서 맞춤법을 틀리게 사용한 사람은 누구
일까요?

A : 어떡해. 나 너무 떨려. 드디어 내일이 BTS 콘서트야.

B : 그렇게 좋아?

A : 그럼 안 좋겠니? 내일 콘서트 끝나고 오빠들이 일일히 사인도 해주고 악
수도 해주는데.

B : 정말? 그럼 내 사인도 한 장만 받아주라.

A : 아서라. 그런 생각일랑 깨끗히 버리도록 해.

Day 002   다음 제시된 단어들을 보고 정답을 유추해보세요.

고흐

행복을 주는 사람

태양   → □□□□

기다림

꽃

Day 003   다음 제시된 단어의 앞에 공통으로 들어갈 수 있는 글자는 무엇일까요?

갈리다   박자   나가다 → □

해설

Day 001 A
일일히 → 일일이
깨끗히 → 깨끗이

Day 002
해바라기

Day 003
엇

Day 001   다음 중 순우리말이 아닌 것은 무엇일까요?

❶ 아띠 : 친구, 연인

❷ 샛별 : 금성

❸ 산다라 : 굳세다, 꿋꿋하다

❹ 용 : 뱀을 닮은 형상의 상상의 동물

다음 제시된 단어들을 보고 정답을 유추해보세요.

차렷
슈리케이트
망보기   → ☐☐☐
고양이

Day 003   다음 제시된 단어의 앞에 공통으로 들어갈 수 있는
글자는 무엇일까요?

붙이다   니   버선 → ☐

Day 001 ❹번
용의 순우리말 표현은 미르입니다.

Day 002
미어캣

Day 003
덧

Day 001   다음 대화에서 맞춤법을 틀리게 사용한 사람은 누구
일까요?

A : 나 이제 집에 가야 해.

B : 벌써 시간이 이렇게 됐네? 오랫만에 이런저런 이야기 하다 보니 시간 가
   는 줄 몰랐네.

A : 그러게. 오늘 못 다한 이야기는 다음에 만나서 계속 하자.

B : 그래, 요 몇일 새 날씨가 많이 쌀쌀해졌는데 감기 조심하구. 잘 가.

Day 002   다음 제시된 단어들을 보고 정답을 유추해보세요.

박지성
2002
RED   → □□□
FIFA

Day 003   다음 제시된 단어의 앞에 공통으로 들어갈 수 있는
글자는 무엇일까요?

묻다 돌리다 새기다 → □

해설

Day 001 B
오랫만에 → 오랜만에
몇일 → 며칠

Day 002
월드컵

Day 003
되

Day 001   다음 중 순우리말이 아닌 것은 무엇일까요?

❶ 희나리 : 채 마르지 않은 장작

❷ 하제 : 내일

❸ 소담하다 : 생긴 게 탐스럽다

❹ 보조개 : 볼에 오목하게 우물져 들어가는 자국

다음 제시된 단어들을 보고 정답을 유추해보세요.

어린왕자

아프리카

장수   → □□□나무

죽은쥐나무

Day 003   다음 제시된 단어의 앞에 공통으로 들어갈 수 있는
글자는 무엇일까요?

나가다   금   맞다 → ☐

해설

Day 001 ❹번
보조개의 순우리말 표현은 '볼우물'입니다.

Day 002
바오밥

Day 003
빗

Day 001　　다음 대화에서 맞춤법을 틀리게 사용한 사람은 누구
일까요?

A : 어머, 저기 강아지 좀 봐요. 너무 귀엽다.

B : 그러게. 뒤뚱뒤뚱 걷는 뒷태가 너무 귀엽네.

A : 근데 이렇게 차가 많은 도로에서 강아지를 산책시키는 건 좋지 않아 보
　　여요.

B : 그래, 차들이 너무 쌩쌩 달리는데? 무슨 조취를 취해야겠어.

　　　다음 제시된 단어들을 보고 정답을 유추해보세요.

된장찌개

회식

황사　→ □□□

대패

Day 003   다음 제시된 자음들을 추론해 속담을 완성해보세요.

ㅅ ㄴ 이면 ㄱ ㅅ 도 ㅂ ㅎ ㄷ

해설

Day 001 B
뒷태 → 뒤태
조취 → 조치

Day 002
삼겹살

Day 003
십년이면 강산도 변한다

Day 001   다음 중 순우리말이 아닌 것은 무엇일까요?

❶ 안다로미 : 그릇에 넘치도록 많이

❷ 아람 : 가을 햇살에 충분히 익어 저절로 벌어진 과일

❸ 여우비 : 해가 난 날 잠깐 내리는 비

❹ 먹구름 : 몹시 검은 구름

다음 제시된 단어들을 보고 정답을 유추해보세요.

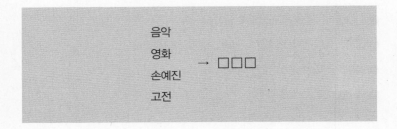

음악
영화   → □□□
손예진
고전

Day 003   다음 제시된 자음들을 추론해 속담을 완성해보세요.

ㅇ ㅂ 에 ㄱ ㅊ

Day 001 ❹번
먹구름의 순우리말 표현은 '매지구름'입니다.

Day 002
클래식

Day 003
약방에 감초

Day 001　　다음 대화에서 맞춤법을 틀리게 사용한 사람은 누구
일까요?

A : 다녀왔습니다.

B : 그래, 손 씻고 이리 와서 간식 먹어. 참, 시험은 잘 봤어?

A : 우와~ 간식이다! 시험 이야기는 하지 말아주세요. 윽.

B : 그래 행복은 성적순이 아니지. 하지만 학생으로써 본분은 잘 지켜야
　　겠지?

A : 네~ 안 그래도 시험지 보며 오답노트도 만들고 다시 풀면서 기억해보고
　　있어요.

다음 제시된 단어들을 보고 정답을 유추해보세요.

은어

ㅇㅈ? ㅇㅇㅈ   → □□□

권혁수

청소년

다음 제시된 자음들을 추론해 속담을 완성해보세요.

ㅇ ㅁ 에 ㄱ ㅅ   ㅅ ㄴ   ㅊ ㄴ ㄷ

Day 001 B

학생으로써 → 학생으로서

'~로써'는 '어떤 일의 수단이나 도구, 재료나 원료를 나타내는 뜻'으로 쓰이고, '~로서'는
'어떤 지위나 신분, 자격을 나타내는 뜻'으로 쓰입니다.

Day 002

급식체

Day 003

우물에 가서 **숭늉** 찾는다.

46
Week

Day 001   다음 중 순우리말이 아닌 것은 무엇일까요?

❶ 물비늘 : 잔잔한 물결이 햇살 따위에 비치는 모양

❷ 먼산바라기 : 먼 곳만을 우두커니 바라보는 일 또는 그런 사람

❸ 천 : 숫자 1000

❹ 자귀 : 짐승의 발자국

Day 002   다음 제시된 단어들을 보고 정답을 유추해보세요.

조회수
대도서관
BJ   → □□□
별풍선

Day 003   다음 제시된 자음들을 추론해 속담을 완성해보세요.

윗ㅁㅇ ㅁㅇㅇ 아ㄹㅁ이 ㅁㄷ

209

Day 001 ❸번
숫자 1000을 의미하는 순우리말 표현은 '즈믄'입니다.

Day 002
유튜브

Day 003
윗물이 맑아야 아랫물이 맑다.

Day 001 다음 대화에서 맞춤법을 틀리게 사용한 사람은 누구
일까요?

A : 기차 시간을 잘못 알았나봐. 벌써 기차가 출발했어.

B : 뭐? 그럼 우린 어떻게?

A : 빨리 환불을 받을 수 있는지 알아봐야지. 같이 창구로 가보자.

B : 그래. 그나저나 너 짐이 너무 없어 보이는데?

A : 앗! 지하철에 짐을 놓고 내렸나봐. 맙소사!

다음 제시된 단어들을 보고 정답을 유추해보세요.

방망이
귀신 → □□□
드라마
공유

Day 003   다음 제시된 자음들을 추론해 속담을 완성해보세요.

ㅈ은 ㅇㅇ ㅇ에 ㅆㄷ

해설

Day 001 B
어떻게 → 어떡해
'어떻게'는 '어떻다'의 부사형이고 '어떡해'는 '어떻게 해'가 줄어든 말입니다.

Day 002
도깨비

Day 003
좋은 약은 입에 쓰다.

Day 001   다음 중 순우리말이 아닌 것은 무엇일까요?

❶ 올리사랑 : 자식의 부모사랑

❷ 내일 : 오늘의 바로 다음날

❸ 우주 : 모든 물질과 복사(輻射)를 포함하는 공간과 시간의 전체

❹ 핫어미 : 유부녀

다음 제시된 단어들을 보고 정답을 유추해보세요.

스타벅스
커피
시럽   → ☐☐☐☐☐
10cm

216

다음 제시된 자음들을 추론해 속담을 완성해보세요.

ㅌㄲ ㅁ아 ㅌ ㅅ

해설

Day 001 ❸번
우주의 순우리말 표현은 '한울'입니다.

Day 002
아메리카노

Day 003
티끌 모아 태산

Day 001   다음 대화에서 맞춤법을 틀리게 사용한 사람은 누구
일까요?

A : 얘들아, 밥 먹자. 어서 나와.

B : 와~ 오늘은 카레라이스네요. 음~ 밥이 정말 찰지고 맛있어요.

A : 밥솥을 바꿨더니 밥맛이 더 좋아진 것 같아.

B : 정말 맛있다. 저 한 그릇 더 주세요.

다음 제시된 단어들을 보고 정답을 유추해보세요.

일시
우산
기상청   → □□□
황순원

Day 003　　다음 제시된 자음들을 추론해 속담을 완성해보세요.

ㅎㄴ이　ㅁㄴ　ㅈㄷ　ㅅㅇㄴ　ㄱㅁ이　ㅇㄷ

해설

Day 001 B
찰지고 → 차지고
밥이나 반죽에 끈기가 많음을 표현하고 싶을 때는 '차지다'라는 표현을 쓰는 것이 맞습
니다.

Day 002
소나기

Day 003
하늘이 무너져도 솟아날 구멍이 있다.

Day 001   다음 중 순우리말이 아닌 것은 무엇일까요?

❶ 백 : 숫자 100

❷ 옛살비 : 고향

❸ 아토 : 선물

❹ 아스라이 : 아득히, 흐릿한

다음 제시된 단어들을 보고 정답을 유추해보세요.

길거리
기타
원스   → □□□
가수

Day 003   다음 제시된 자음들을 추론해 속담을 완성해보세요.

ㅎㄹㅇㄷ 제 ㅁ ㅎㅁ ㅇㄷ

Day 001 ❶번
숫자 100을 의미하는 순우리말 표현은 '온'입니다.

Day 002
버스킹

Day 003
호랑이도 제 말 하면 온다.

Day 001   다음 대화에서 맞춤법을 틀리게 사용한 사람은 누구
일까요?

A : 우리 오늘 치맥 어때?

B : 안 돼, 나 다이어트 중인 거 몰라?

A : 야~ 너무 먹고 싶단 말이야. 다이어트는 내일부터, 몰라?

B : 그러니까 남이야 다이어트를 하던지 말던지 너는 치맥을 먹어야 겠다고?

A : 마지막으로 한 번만 먹어라~ 제발~

Day 002   다음 제시된 단어들을 보고 정답을 유추해보세요.

시험
연예인
K팝스타   → □□□
엔터테인먼트

다음 제시된 자음들을 추론해 속담을 완성해보세요.

ㄱ ㅅ   ㄲ에   ㄴ ㅇ   ㅇ ㄷ

Day 001 B
하던지 말던지 → 하든지 말든지
'~던지'는 과거의 일을 돌이켜 이야기하며 문장을 이어주거나 끝맺을 때 사용하는 어미이고, '~든지'는 상태, 대상 중 선택될 수 있음을 나타내는 어미입니다.

Day 002
오디션

Day 003
고생 끝에 낙이 온다

Day 001　　　다음 중 순우리말이 아닌 것은 무엇일까요?

❶ 온새로미 : 가르거나 쪼개지 않고 자연 그대로의 상태

❷ 은가람 : 은은히 가르는 강

❸ 어짐 : 착하다, 어질다

❹ 해류뭄해리 : 가뭄 후에 오는 비

Day 002   다음 대화에서 맞춤법을 틀리게 사용한 사람은 누구
일까요?

A : 너 조금 있다가 나랑 같이 어디 좀 가자.

B : 나 오늘 알바 때문에 빨리 가봐야 하는데, 왜?

A : 정말? 실은 내일 썸남이랑 데이트하기로 해서 옷 좀 사러 가려고 했거든.

   좀 골라달라고 하려고 했지.

B : 오~ 내일 날씨도 좋다던데, 좋겠다. 나도 연애하고파~

Day 003   다음 제시된 단어들을 보고 정답을 유추해보세요.

스크린
박스오피스
에디슨   → ☐☐☐
4D

해설

Day 001 ❸번
착하다, 어질다는 표현의 순우리말은 '이든'입니다.

Day 002 A
있다가 → 이따가
'있다가'는 동사 '있다'에 '다가'라는 연결 어미가 붙은 것으로 '집에 있다가 영화를 보러 갔다'처럼 쓰입니다. '이따가'는 '조금 시간 후에'라는 뜻의 부사입니다.

Day 003
영화

이야기를 업그레이드 시키면?

⚙ ✛ ☐　　　우리 뇌의 해마는 텍스트와 같은 언어정보보단 이
미지와 영상과 같은 시각정보를 더 잘 기억한다. 그런데 스토리텔링
기법은 단순히 이야기로써 언어정보에 불과하다. 물론 만든 이야기
를 머릿속 이미지로 상상해볼 수 있지만, 애초에 영상으로 만들기 위
한 작업을 하는 것과 이야기를 단순히 이미지로 상상하는 것 사이에
는 많은 차이가 있다.

언어정보뿐 아니라 감각정보까지 같이 사용하는 것이 영상화 기
법이다. 더불어 편도체를 활성화시키기 위해 감정을 부여하거나 이
입하여 감정기억까지 같이 사용한다면 그 시너지 효과는 엄청나다.
이 기법은 그 안에 스토리를 포함하고 있지만, 최종적으로 영상을 만
들어야 하는 것이다. 언어정보와 감각정보, 감정을 동시에 활용하는
것이다.

이 기법을 사용하기 위해서 먼저 '구체화'라는 개념을 알 필요가
있다. 구체화란, 우리가 대상을 관찰하고 연상한 단어 및 이미지를
구체적인 심상으로 다듬고 정교하게 만드는 작업을 말한다. 만약 앞
서 팁에서처럼 대상을 관찰하고 '궁수'를 연상했다면(이 때 추상적
인 단어보다 구체화하기 쉬운 단어를 연상하는 것이 좋다), 어떤 생
김새인지, 나이는 몇 살인지, 남자인지 여자인지, 피부색은 어떻고
입고 있는 옷은 무엇인지, 들고 있는 활의 색깔과 질감은 무엇인지
등등 현실에서 보듯이 생생하고 자세하게 이미지를 그려내야 한다.
두루뭉술한 대상을 구체적이고 뚜렷하게 그리고 생생하고 정교하게

'상상'하는 것이다.

이 구체화 작업이 선행되어야 영상화가 제대로 이루어지게 된다.

785184

위 여섯 자리 숫자를 다음의 세 가지 방법으로 결합했을 때, 어떤 방법이 가장 효과적인지 생각해보자.

1) '칠판(78)에서 오일(51)이 발사(84)되었다.'라는 문장을 만든다.
2) '칠판(78)에 오일(51)을 쏟는 판사(84)'의 모습을 영상으로 떠올린다.
3) '아끼던 칠판(78)에 오일(51)을 쏟아서 슬퍼하는 판사(84)'의 모습을
   영상으로 떠올린다.

1번의 방법이 스토리 기억법이고, 2번과 3번이 영상화 기법이다. 1번보단 2번이 기억효과가 좋고, 2번보단 3번이 기억효과가 좋다. 1번보다 2번이 좋은 이유는 앞서 설명했듯이 언어정보와 시각정보를 같이 활용하기 때문이고, 2번보다 3번이 좋은 이유는 탄탄한 연결고리에 있다. 2번의 경우 연결고리가 부실한 느낌이지만, 3번의 경우 '아끼던 칠판에 오일을 쏟았기 때문에'라는 인과관계를 넣었고 슬픔의 감정까지 부여했다. 다채롭고 입체적인 결합을 통해 영상을 만들어서 기억효과를 높인 것이다.

그럼 다음의 예제를 이용해 재미있는 영상을 만들어보자. 순서까지 정확히 기억해야 한다.

[페인트], [귀고리], [선글라스], [공원], [국자], [밤],
[단추], [모자], [셀카봉], [오렌지]

하루 1분 낱말게임

초판 1쇄 발행 2018년 5월 31일

엮은이 YM기획 / **감수** 조신영
펴낸이 추미경

책임편집 이민애 / **마케팅** 신용천·송문주

펴낸곳 베프북스 / **주소** 경기도 고양시 덕양구 화중로 130번길 48, 6층 603-2호
전화 031-968-9556 / **팩스** 031-968-9557
출판등록 제2014-000296호

ISBN 979-11-86834-57-2 (14320)
　　　　979-11-86834-56-5 세트

전자우편 befbooks75@naver.com / **블로그** http://blog.naver.com/befbooks75
페이스북 https://www.facebook.com/bestfriendbooks75